医学部入試に出る「英文法・語法・語彙」を完全網羅！

医学部受験のための

英語
小問集合
対策選

Master of Medicine シリーズ

医学部予備校
代官山MEDICAL

石井雅勇

太陽出版

本書の特長

　本書は，医学部入試で頻出される「英文法・語法・語彙」の分野に絞り，さらには出題傾向の強いタイプの問題に焦点をあてた医学部受験用対策集です．医学部入試で頻出されている「文法・語法・語彙」に関する問題は，以下の通りです．

1. 語句整序問題
2. 誤文・誤謬指摘問題
3. ことわざ・格言の問題
4. 対話文完成問題
5. 慣用表現の問題
6. アクセント・発音の問題

　上記の1～6のそれぞれの出題傾向を把握し，出題者の意図をキャッチし，そのワナに引っかからないように訓練することによって，「小問集合」で得点をしっかり稼げる英語力を点検することができます．
　入試で「時間が足りない」と嘆く受験生の方の特徴として，文法・語法問題に時間をかけすぎてしまう点が挙げられます．たとえ配点が低くても，文法・語法・語彙の問題を正確かつ素早く解く力は，点を稼ぐだけでなく時間を稼ぐこともできるのです．余った時間で長文に挑む，といった態勢を整えたいものです．
　基本をしっかり押さえて「正解」を短時間で見抜く力こそが，医学部で求められる力なのです．このように，医学部に特化された問題を演習するために編集されたのが本書です．
　各Partごとに，体系的に知識をまとめながら，学習しづらい類の問題を整理し，それらがどこの大学でどのように出題されているのかを把握できる1冊となっています．

本書の7つのねらい

1. 小問集合を得点源にすることで時間節約できる

　　医学部入試は1点差が合否の分かれ目. 1点, 2点と配点そのものは低いがココを落としてはいけない, といったポイントや問題の急所をしっかり押さえることが肝要です. 正確に素早く解くことで, 本番で時間節約できる. 練習を積もう!

2. 医学部英語で最も差のつく語句整序問題と誤謬指摘問題を徹底攻略できる

　　受験生間で最も差が激しいのは, 長文問題と比べても語句整序問題と誤謬指摘問題です. 様々な出題テーマを1つずつつぶしていこう!

3. 単語の統語法をしっかりマスターできる

　　単語と単語の配列のルールをしっかりつかんで, 適切な英文を組み立てる力を身につけよう!

4. フィーリングで解かない習慣が身につく

　　日本語訳を手がかりに解いてしまうクセを直そう! 誤謬指摘問題では, 日本語の意味が正しくても英語そのものは間違いを含んでいることがあるので要注意.

5. 医学部特有の悩ましい奇問・難問を知ることができる

　　一般的な文法問題集で扱われるテーマだけでなく, 私立医学部特有で独自のタイプの問題を知ることで, 定型枠をしっかりつかみ, 傾向を把握することができる.

6. 作問者の意図をしっかり見抜く力をつけることができる

　　マーク式中心の私立医学部では, ひっかけやミスを誘導する問題が多いので, 作問者の意図をしっかり見抜く力をつけよう!

7. 私立医学部29校すべての傾向をつかむことができる

　　本書の出典は, 全国29の私立医学部すべてから厳選された, 医学部特有の問題ばかりなので, 効率よく密度の濃い学習ができる.

Contents 目次

本書の特長　＜2＞
本書の7つのねらい　＜3＞

Part 1　医学部に出る
語句整序問題 …………………………… 6

出題傾向のPOINT：「語句整序問題」で押さえておくべきパターン **11** 選

- 語句整序問題の頻出イディオム・熟語・構文を総チェック！　＜26＞
- 副詞の位置を決めるポイント　＜28＞

演習問題 ＜30＞

Part 2　医学部に出る
誤文・誤謬指摘問題 …………………… 56

出題傾向のPOINT：「誤文・誤謬指摘問題」に出るポイント **20** 選

演習問題 ＜104＞

Part 3　医学部に出る
ことわざ・格言の問題 ………………… 132

出題傾向のPOINT： 出題予想「ことわざ・格言」**126** 選

演習問題 ＜177＞

Part 4　医学部に出る
対話文完成問題 ………………………… 186

出題傾向のPOINT： 出題予想「病状・病歴に関するメディカル英語フレーズ」**214** 選

- 対話文完成問題を解くための口語・会話表現　＜204＞
- 例題を解いてみよう!!　＜216＞

演習問題 ＜228＞

Part 5 医学部に出る 慣用表現の問題 ・・・・・・・・・・・・・・・・・・・・・・・・・・・260

出題傾向のPOINT：出題予想「慣用表現」90選

演習問題 <294>

Part 6 医学部に出る アクセント・発音の問題 ・・・・・・・・・・・・・・・306

出題傾向のPOINT：アクセントの原則14選

- ●頻出アクセント TOP11　　<311>
- ●頻出母音 TOP10　　<321>
- ●頻出子音 TOP5　　<326>

演習問題 <329>

表記に関する注意

＊( ) 内の英文は省略可．

＊[ ] 内の英文は置き換え可．置き換え可能な語句には下線を引いた．

＊Sは主語．Oは目的語．Cは補語．

＊Vは動詞の原形．V-ing は現在分詞，あるいは動名詞．

＊S Vは主語と動詞の組み合わせを意味する．

5

Part 1 医学部に出る 語句整序問題

出題傾向のPOINT

「語句整序問題」で押さえておくべきパターン11選

1 manyの後ろは複数名詞のパターン

下の①〜⑤の語句を並べ替えて空所を補い，文を完成せよ．

That gallery has many ＿＿＿ ＿＿＿ ＿＿＿ ＿＿＿ ＿＿＿ miss.

① that　② not　③ art lovers　④ paintings　⑤ should

POINT! 解説

　　最初の空所の前にあるmanyに注目する．〈**many＋複数名詞**〉なので，many paintingsとし，それを先行詞として関係代名詞のthatをつづける．文末の**miss**は「〜を見逃す」という意味の他動詞なので，thatは目的格として用いることになる．

　またmissを原形と見なし，直前に助動詞の**should not**〜「〜すべきでない」を置く．

**他動詞 (miss) のあとに
目的語が欠落していることをチェックすること！**

解答　④—①—③—⑤—②

That gallery has many <u>paintings that art lovers should not</u> miss.
「あの美術館には，美術愛好家が見逃してはいけない絵画がたくさんある」

2 with の後ろは〈名詞＋過去分詞〉のパターン

下の①～⑤の語句を並べ替えて空所を補い，文を完成せよ．

When he was tired, my brother used ＿＿＿ ＿＿＿ ＿＿＿ ＿＿＿ ＿＿＿ in his room.

① on　② with　③ fall asleep　④ the light　⑤ to

> **POINT! 解説**
>
> 　　過去の習慣を表す **used to**「昔よく～したものだった（今はしていない）」のあとは原形動詞がつづくので，fall asleep が入る．
>
> また，〈**with** 名詞＋副詞〉という語順で〔付帯状況〕が完成する．
>
> |例| with the light on　　「電気をつけたままで」
> |例| with the TV on　　　「テレビをつけたままで」
> |例| with the radio on　　「ラジオをつけたままで」
>
> **on は前置詞の他に副詞の用法があることを押さえること！**

解答　⑤—③—②—④—①

When he was tired, my brother used to fall asleep with the light on in his room.

「私の弟は疲れているとき，自分の部屋で電気をつけたままよく眠り込んでいた」

過去の習慣を表す used to の用法

例 I **used to** go swimming at the lake.
「その湖によく泳ぎに行ったものだった」
⇨ 今はもう行ってはいないが，昔はよく行ったものだった，という今と昔の対比のニュアンスを含む．to は不定詞なので原形動詞がつづく．

例 My father **used not to** drink so much.
「私の父は以前それほどお酒を飲まなかった」
⇨ 否定形は to の直前に not を置く．

注 **be used to V-ing** は「V することに慣れている」の意味．

例 My father **is** not **used to** drink**ing** so much.
「父はそんなにお酒を飲むのに慣れていない」
⇨ to は前置詞なので動名詞がつづく．

〈付帯状況〉を表す〈with O C〉「～しながら／～のままで」の C のいろいろな形

① **with** 名詞+現在分詞／過去分詞
② **with** 名詞+形容詞／副詞
③ **with** 名詞+前置詞句

例 She spoke **with her mouth full**.
「彼女は口いっぱいに食べ物をほおばってしゃべった」
⇨ full「いっぱいの」(形容詞)

例 She was laughing **with a hand over her mouth**.
「彼女は片手で口を押さえながら笑っていた」
⇨ over her mouth「口を覆って」(前置詞句)

3 疑念動詞の後ろはwh-節がつづくパターン

下の①〜⑤の語句を並べ替えて空所を補い，文を完成せよ．

I wonder _____ _____ _____ _____ _____ upstairs.
① what ② that ③ is making ④ it is ⑤ the noise

> **POINT! 解説**
>
> **I wonder**「〜と不思議に思う」のあとには wh- 節がつづくことが多い．ただし，間接疑問の語順〈**疑問詞＋(S)V**〉にすること．あとは，**what it is that** V「V するのは一体何なのか」という疑問詞を強調する強調構文を作ればよい．V として **is making**「〜を立てている」を使えるよう，**make the noise**「音を立てる」に気づくこともポイントの1つ．
>
> **疑念動詞の後ろは疑問詞がつづく！**

解答 ①―④―②―③―⑤

I wonder what it is that is making the noise upstairs.
「2階であの音を立てているのは一体何かしら」

直接疑問文から間接疑問文を作る例をあげてみよう

What made her buy such a thing?
「なぜ彼女はそんなものを買ったの?」

⇨ what を強調して強調構文 **It is ～ that** …を使うと,

What **was it that** made her buy such a thing?
「彼女はそんなものを一体全体なぜ買ったの?」

⇨ さらに，この疑問文を **I wonder** ～に代入すると，次のような間接疑問文になる．

I wonder what **it is that** made her buy such a thing.
「彼女はそんなものを一体全体なぜ買ったのかしら」

後ろに疑問詞（**what/when/why/who/whom/where/how**）をとる動詞

- ☐ consider wh-　「～だと考える」
- ☐ ask wh-　「～をたずねる」
- ☐ find out wh-　「～を発見する」
- ☐ discover wh-　「～を発見する」
- ☐ wonder wh-　「～かなと思う」
- ☐ guess wh-　「～を推測する」
- ☐ explain wh-　「～について説明する」

例　I **found out how** to solve the problem.
「その問題の解き方を発見した」

例　He **asked** me **where** to buy an airplane ticket.
「彼は私にどこで飛行機のチケットを買えばよいのかたずねた」

10

4 whateverの後ろは〈名詞＋SV〉がつづくパターン

下の①〜⑤の語句を並べ替えて空所を補い，文を完成せよ．

You can look through your textbook and choose _____ _____ _____ _____ _____ for your essay.

① you　② want to　③ topic　④ whatever　⑤ write about

POINT! 解説

まずは，〈**whatever＋名詞＋ＳＶ**〉「ＳがＶするどんな〔名詞〕でも」といった構文を作ることを目指し，

<u>whatever topic</u> <u>you</u> want to <u>write about</u>
　　　Ｏ　　　　　Ｓ　　　　　　　Ｖ

というように第3文型の形に整える．

write about「〜について書く」は他動詞扱いで，その目的語はwhatever topicとなる．さらに，whatever節には名詞節を作る役目があるので，空所の左にある **choose**「〜を選ぶ」（他動詞）のあとにつなげればできあがり．**look through** は「ざっと目を通す」の意味．

whateverは名詞節と副詞節の2通りの可能性があること押さえておく！

解答　④―③―①―②―⑤

You can look through your textbook and choose <u>whatever topic you want to write about</u> for your essay.

「教科書に目を通して，書きたいと思うトピックならどんなものでも小論文に選ぶことができます」

Part1．"医学部に出る"語句整序問題　11

whateverは,(1)名詞節,(2)副詞節のいずれかで組み立てる

具体的には以下の3つのタイプがある.

① whatever S V	(1)「S が V する何でも」
	(2)「たとえ S が何を V しようと」
② whatever V	(1)「V する何でも」
	(2)「たとえ何が V しようと」
③ whatever +名詞+ S V	(1)「S が V するどんな〔名詞〕でも」
	(2)「S がたとえどんな〔名詞〕を V しようと」

5 知覚動詞の後ろは〈名詞＋V-ing〉のパターン

下の①〜⑤の語句を並べ替えて空所を補い，文を完成せよ．

On weekends, Mr. Jones likes to _____ _____ _____ _____ _____ baseball.

① playing　　② his grandchildren　　③ watch
④ sit in the park　　⑤ and

POINT! 解説

　まず，選択肢の中に知覚動詞 watch があるので，〈**watch ＋人＋V-ing**〉「〔人〕が V しているのを見る」という形を仕上げる．watch his grandchildren playing となるが，〈**play ＋スポーツ**〉というつながりにも気づくこと．よって，文末は playing baseball となるわけだ．

　また，likes to のあとには原形動詞がつづくので，and の前後を同じ原形動詞でまとめる．

知覚動詞の後ろは , 人＋V-ing !

解答　④―⑤―③―②―①

On weekends, Mr. Jones likes to sit in the park and watch his grandchildren playing baseball.

「ジョーンズさんは，週末に，公園に座って孫達が野球をしているのを見るのが好きです」

Part1．"医学部に出る"語句整序問題　13

知覚動詞は補語に原形動詞と現在分詞の両方をとることに注意

原形動詞の場合は動作の始まりから終わりまでや毎日の習慣を表し，現在分詞の場合は進行中の動作を表す．

例 I didn't **notice** someone **standing** behind me.（現在分詞）
　　　S　　　 V　　　　 O　　　　 C
　　「誰かが私の背後に立っているのに気がつかなかった」

このパターンをとる動詞

- [ ] feel 　　　「O が〜するのを感じる」
- [ ] hear 　　　「O が〜しているのが聞こえる」
- [ ] notice 　　「O が〜しているのに気づく」
- [ ] observe 　「O が〜しているのに気づく」
- [ ] perceive 　「O が〜するのに気づく」
- [ ] see 　　　「O が〜しているのが見える」
- [ ] smell 　　 「O が〜するにおいがする」
- [ ] watch 　　「O が〜するのをずっと見守る」
- [ ] look at 　 「O が〜しているのを見る」
- [ ] listen to 　「O が〜しているのを聞く」
- [ ] glimpse 　「O が〜しているのをちらりと見る」

例 I **saw** an old man **cross** the street.（原形動詞）
　　「私はある老人が通りを横切るのを見た」
　　I **saw** an old man **crossing** the street.（現在分詞）
　　「私は老人が通りを横切ろうとしているのを見た」

知覚動詞以外にも補語に現在分詞をとれるものはある

例 I **caught** him **cheating** on the examination.
　　　S　　　 V 　　O 　　　　C
「私は彼が試験中カンニングしている現場を押さえた」

例 I couldn't **get** the PC **going**.
　　　S 　　　　 V 　　O 　　　C
「私はそのパソコンを作動させることができなかった」

このパターンをとる動詞

- [ ] catch 　　「O が〜しているところを目撃する／押さえる」
- [ ] discover 　「O が〜しているところを発見する」
- [ ] find 　　　「O が〜であるのを認識・了解する」
- [ ] get 　　　 「O が〜であるような状態にする」
- [ ] imagine 　「O が〜しているところを想像する」
- [ ] keep 　　 「O が〜であるような状況を維持する」
- [ ] leave 　　 「O が〜であるような状態に放置しておく」
- [ ] paint 　　 「O が〜しているところを描く」
- [ ] send 　　 「O が〜する状態にかりたてる」
- [ ] set 　　　 「O が〜する状態を引き起こす」
- [ ] start 　　 「O が〜する状態を引き起こす」

Part1. "医学部に出る" 語句整序問題

6 〈It is＋人の性格を表す形容詞＋of＋人＋to V〉のパターン

下の①〜⑤の語句を並べ替えて空所を補い，文を完成せよ．

Everyone thought _____ _____ _____ _____ _____ to lock the door when you went out.

① of　② you　③ it　④ to forget　⑤ very careless

POINT! 解説

It is very careless of you to V「V するなんて君って不注意だね」の構造を思い起こすこと．It は形式主語で to 以下が真主語．また，**〈think it＋形容詞＋to V〉**「V することは〔形容詞〕だと思う」という第5文型を想定する．以上，2つの構造を組み合わせることで think it very careless of you to V ができあがる．この it は形式目的語で to 以下が真目的語となる．

代名詞の it には，形式主語と形式目的語の2通りがあるので注意！

解答　③—⑤—①—②—④

Everyone thought <u>it very careless of you to forget</u> to lock the door when you went out.

「外出時にドアにカギをかけ忘れるなんてとても不注意だと誰もが思いました」

形式目的語の it を使った構文〈V it＋形容詞〉

例　I **think it difficult to** finish it in ten minutes.
　　S　V　O　　C

「10分でそれを終わらせるのは難しいと思う」

このパターンをとる動詞

- [ ] think it　　　＋形容詞＋ to V　　「V することは〔形容詞〕だと思う」
- [ ] find it　　　　＋形容詞＋ to V　　「V することは〔形容詞〕であると認識する／わかる」
- [ ] believe it　　＋形容詞＋ to V　　「V することは〔形容詞〕だと信じている」
- [ ] consider it　＋形容詞＋ to V　　「V することは〔形容詞〕だと思う」
- [ ] feel it　　　　＋形容詞＋ to V　　「V することは〔形容詞〕だと感じる」
- [ ] suppose it　＋形容詞＋ to V　　「V することは〔形容詞〕だと思う」

「人がVするとは（形容詞）ですね」の構文
〈It is＋人の性格を表す形容詞＋of＋人＋to V〉

このパターンに使われる形容詞

- [ ] kind　　　　「優しい」
- [ ] good　　　　「優しい」
- [ ] sensible　　「賢い」
- [ ] thoughtful　「思いやりのある」
- [ ] careless　　「不注意な」
- [ ] cruel　　　　「残酷な」
- [ ] decent　　　「優しい」
- [ ] crazy　　　　「気の変な」
- [ ] silly　　　　「軽薄な」

- [ ] selfish　　　「わがままな」
- [ ] bold　　　　「大胆な」
- [ ] smart　　　　「賢明な」
- [ ] honest　　　「正直な」
- [ ] careful　　　「注意深い」
- [ ] daring　　　「大胆な」
- [ ] generous　　「寛大な」
- [ ] nice　　　　「優しい」

7 単語と単語の"相性"を見つけて解くパターン

下の①〜⑤の語句を並べ替えて空所を補い，文を完成せよ．

Barbara has always been interested in history, so the news ＿＿＿＿ ＿＿＿＿ ＿＿＿＿ ＿＿＿＿ ＿＿＿＿ her very sad.

① made　② that　③ the museum　④ to close　⑤ was

POINT! 解説

抽象名詞と that の組み合わせに気づくこと．同格の that のあとは節構造 S V がつづいて，「S が V するという」という意味になる．〈抽象名詞 news ＋ that 〜〉「〜というニュース」といった同格の用法を用いる．並べ替えでは，まず相性の良いもの同士をつなげる作業が肝心．

the news that the museum was to close

▶ 主語になるもの＝名詞相当語句＝ the museum
▶ 動詞は was to V とし，〔予定〕を表す be to 構文にする

使役動詞の make のあとは〈目的語＋補語〉をつづけて「O を C させる」という意味にする．文末の her ＝目的語，sad ＝形容詞＝補語，と見なし，make her sad という第5文型を作ることを目指す．

抽象名詞の後ろは同格の that 節をつづける！

解答　②—③—⑤—④—①

Barbara has always been interested in history, so the news that the museum was to close made her very sad.

「バーバラは以前から歴史に興味をもっていたので，その博物館が閉館するという知らせにとても悲しんだ」

「同格」のthatと相性の良い名詞

- [ ] assumption that ～　　「～という仮定」
- [ ] belief that ～　　「～という信念」
- [ ] chance that ～　　「～という機会」
- [ ] condition that ～　　「～という条件」
- [ ] certainty that ～　　「～という確信」
- [ ] decision that ～　　「～という決定」
- [ ] doubt that ～　　「～という疑い」
- [ ] explanation that ～　　「～という説明」
- [ ] fact that ～　　「～という事実」
- [ ] fear that ～　　「～という恐れ」
- [ ] grounds that ～　　「～という理由・根拠」
- [ ] hope that ～　　「～という希望」
- [ ] hypothesis that ～　　「～という仮説」
- [ ] idea that ～　　「～という考え」
- [ ] impression that ～　　「～という印象」
- [ ] likelihood that ～　　「～という見込み」
- [ ] possibility that ～　　「～という可能性」
- [ ] proof that ～　　「～という証拠」
- [ ] probability that ～　　「～という見込み・公算」
- [ ] proposal that ～　　「～という提案」
- [ ] resolution that ～　　「～という決意」
- [ ] rumor that ～　　「～といううわさ」
- [ ] thought that ～　　「～という考え」
- [ ] theory that ～　　「～という理論」

8 同じスペルの単語に注意するパターン❶

下の①〜⑤の語句を並べ替えて空所を補い，文を完成せよ．

　A study shows that Japanese women bow more often than men, and their bows last one-and-half seconds on average, ＿＿＿＿ ＿＿＿＿ ＿＿＿＿ ＿＿＿＿ ＿＿＿＿ for men.

① compared　② less　③ one second　④ than　⑤ to

POINT! 解説

　　　　　動詞の変化形で A-B-B 型の場合，過去形だと早とちりする傾向があるので注意．たとえば，compared．過去形でも過去分詞形でもスペルは同じだが，動詞で使う場合と，過去分詞で使う場合とでは位置に違いが出てくる．過去形で使う場合，**compared** A **with [to]** B「A と B を比べる」となるし，過去分詞なら **compared with [to]** 〜「〜と比べて」という使い道がある．

　本問の場合は，average のあとのコンマに注目し，付加的説明がつづくと考え，分詞構文の compared to less than one second for men「男性の1秒未満と比べると」とする．**less than** 〜「〜未満」のあとは，数詞がつづくので，less than one second というつながりが自然．

過去形と過去分詞形のスペルが同じ場合，要注意！

解答　①―⑤―②―④―③

　A study shows that Japanese women bow more often than men, and their bows last one-and-half seconds on average, <u>compared to less than one second</u> for men.

「ある研究によると，日本人女性は男性よりもよくお辞儀をし，そのお辞儀は平均1秒半であり，それに比べて男性は1秒に満たないとのことです」

9 同じスペルの単語に注意するパターン❷

下の①〜⑤の語句を並べ替えて空所を補い，文を完成せよ．

When I heard _____ _____ _____ _____ _____ home, I stopped immediately to find out what was wrong.

① while　　② the back of my car　　③ a funny noise
④ coming from　　⑤ driving

POINT! 解説

知覚動詞のあとは〈名詞 O ＋現在分詞 V-ing〉の形に整える．よって，

heard a funny noise coming from 〜
　V　　　O　　　　　C

「おかしな音が〜から出ているのを聞いた」

となる．また，**while** V-ing で「V しながら／V している途中」という〔付帯状況〕の分詞構文を作る．前置詞と名詞のつながりと，動詞と副詞のつながりを押さえ，**drive home**「車で家に帰る」，**from the back of** 〜「〜の後ろから」というイディオムにも注意すること．

**V-ing（現在分詞）には，
補語としての用法と分詞構文としての用法の2つがある！**

解答　③—④—②—①—⑤

When I heard a funny noise coming from the back of my car while driving home, I stopped immediately to find out what was wrong.

「車で家に帰る途中に車の後ろのほうからおかしな音が出ているのが聞こえたとき，どこがおかしいのかを調べるために直ちに停車した」

10 〈他動詞＋副詞〉のイディオムを使うパターン

下の①〜⑤の語句を並べ替えて空所を補い，文を完成せよ．

"May I borrow your dictionary?"

"I'm sorry, but Betty ＿＿＿ ＿＿＿ ＿＿＿ ＿＿＿ ＿＿＿."

① back ② brought ③ hasn't ④ it ⑤ to me

POINT! 解説

他動詞と副詞で構成されたイディオムは，目的語が代名詞のとき，〈動詞＋代名詞＋副詞〉といった語順にしなければいけない．（ただし，目的語が名詞のときは，〈動詞＋名詞＋副詞〉または〈動詞＋副詞＋名詞〉のいずれでもよいので，出題されない）

他動詞＋代名詞＋副詞の語順に要注意！

解答 ③—②—④—①—⑤

"May I borrow your dictionary?"

"I'm sorry, but Betty hasn't brought it back to me."

『君の辞書を貸してくれないか』

『申し訳ないけれど，ベティがまだ返してくれないんだよ』

〈他動詞＋代名詞＋副詞〉という語順で使うイディオムを総チェック!!

例 × We couldn't *carry out* it.
○ We couldn't **carry** it **out**. 「われわれはそれを実行できない」

このパターンをとる動詞

- [ ] back up 「〜を支持する」（＝ support）
- [ ] break down 「〜を分解する」（＝ analyze）
- [ ] break off 「（親善関係など）を急に絶つ」（＝ end）
- [ ] bring about 「（ある結果など）を引き起こす」
  （＝ cause to happen）
- [ ] bring down 「〜を倒す」（＝ defeat）
- [ ] bring up 「〜を育てる／教育する」（＝ rear / educate）
- [ ] call off 「〜をとりやめる」（＝ cancel）
- [ ] carry on 「〜をつづける」（＝ continue）
- [ ] carry out 「〜を実行する」（＝ execute），
  「〜を行う」（＝ perform）
- [ ] cover up 「（事実など）を隠す」（＝ conceal）
- [ ] cut off 「（電話）を切る」（＝ interrupt on the phone），
  「（供給）を絶つ」（＝ stop supplies）
- [ ] draw up 「〜を作成する」（＝ compile）
- [ ] fill in [out] 「〜に記入する」（＝ supply details）
- [ ] give away 「（秘密など）をもらす」（＝ make known）
- [ ] give up 「〜をやめる」（＝ stop）
- [ ] hold up 「〜を遅らせる／停滞させる」（＝ delay / stop）
- [ ] lay off 「〜を一時解雇する」（＝ stop employing）
- [ ] leave out 「（人や名前）を除く」（＝ omit）

- [ ] look up 「〜を調べる」（= look in a dictionary）、
「（人）を訪れる」（= visit someone）
- [ ] make out 「〜を理解する」（= understand）
- [ ] make up 「（話など）をでっちあげる」（= invent）
- [ ] pay back 「〜に復讐する」（= get revenge）
- [ ] point out 「〜を示す／指摘する」（= show / explain）
- [ ] put up 「（人）を泊める」
（= give someone accommodation）
- [ ] set back 「〜を遅らせる」（= delay）
- [ ] step up 「〜を増やす／増加させる」（= increase）
- [ ] take in 「〜をだます」（= deceive）
- [ ] take out 「〜を外に誘う」（= invite someone out）
- [ ] take over 「〜を引き受ける」（= take responsibility for）
- [ ] take up 「〜を占める」（= occupy）、
「〜を専門に始める」（= start）
- [ ] try out 「〜を試す」（= test）
- [ ] turn down 「〜を断る」（= reject）
- [ ] wipe out 「〜を一掃する」（= destroy completely）
- [ ] work out 「〜を解決する」（= solve）

11 関係代名詞の目的格が省略されているパターン

下の①〜⑤の語句を並べ替えて空所を補い，文を完成せよ．

I was thinking of the speech ＿＿＿ ＿＿＿ ＿＿＿ ＿＿＿ ＿＿＿ ．

① called　　② I had to　　③ make
④ my name　⑤ when I heard

POINT! 解説

make a speech の a speech が前に出て，関係代名詞が省略されている構造．I had to make a speech「演説をしなければならなかった」の目的語である a speech が先行詞となり，a speech (which) I had to make となった形をイメージする．

また，ed 形を見たら，過去形か過去分詞形の判断は，他の選択肢がカギとなる．⑤の中に知覚動詞 heard が入っていることに注目して，〈**hear ＋もの＋過去分詞 called**〉「〔もの〕が呼ばれるのを聞く」という構造を作る．

目的格は省略ありきで考えること！

解答　②―③―⑤―④―①

I was thinking of the speech I had to make when I heard my name called.

「私は私の名前が呼ばれるのを聞いたとき，行わなければならない演説のことを考えていた」

語句整序問題の頻出イディオム・熟語・構文を総チェック!

2つ以上の選択肢を使って完成させる頻出イディオム・熟語・構文は次の通り.

bring ＋代名詞＋ back	「〔代名詞〕を返す」
however fast ～	「たとえどんなに早く～しても」
attempt to V	「V する試み」
find out ～	「(未知の要素) を見つける」
You look older than you really are.	「実際よりも年をとって見える」
What is called ～	「いわゆる～」
the very ＋名詞	「まさにその〔名詞〕」
the last person to V	「V するのが最後の人」
be different from ～	「～と異なっている」
there were no ～	「～が1つもなかった」
in sight	「目に見えて」
in addition to V-ing	「V することに加えて」
assist in ～	「～の助けとなる」
be supposed to V	「V することになっている」
All I've got to do is V.	「私は V しさえすればよい」
keep on V-ing	「V しつづける」
命令文, and you'll …	「～しなさい、そうすれば…」
I am sure that ～	「きっと～だと思う」
get fond of ～	「～を大好きになる」
ask ＋人＋ to V	「〔人〕に V するよう頼む」
tell ＋人～	「〔人〕に～を言う」
Nothing is ＋比較級＋ than …	「…よりも～なものはない」
hear O ＋過去分詞	「O が～されるのを聞く」

make oneself understood	「自分の意思を伝える」
find it impossible to V	「V することが不可能だとわかる」
was said to be ~	「~だと言われていた」
I'd prefer to V₁ rather than V₂.	「V₂ するよりむしろ V₁ したい」
all the way	「はるばる／ずっと／わざわざ」
so that S could V	「S が V するように」
as though S V	「まるで S が V するかのように」
seem to be saying that ~	「~だと言っているようです」
let O V	「O に V させてあげる」（let は使役動詞）
only to be told that ~	「その結果，~と言われただけだった」
chance of V-ing	「V する見込み／可能性」
be believed to have ＋過去分詞	「~したと信じられている」
settle in ~	「~に定住する」
have nothing to do with ~	「~とは何も関係がない」
little or nothing	「ほとんど何も~しない」
in an attempt to V	「V しようとする試みの中で／V しようとして」
reduce costs	「経費を削減する」
used to V	「昔は V したものだった」
with the light on	「電気をつけたままで」
I wonder ＋ wh- 節 ~	「~かどうか不思議に思う」
make a noise	「音を立てる」

副詞の位置を決めるポイント

1. 形容詞・副詞・句・節を修飾する副詞 ▶ 直前に置く

　例 **Much** to our surprise, they lost the game.
　　「とても驚いたことに，彼らはその試合に負けてしまった」

　　注 **enough** の位置には注意が必要である．
　　例 The teacher spoke slowly **enough** for everybody to understand what he was saying.
　　　「その先生は自分の言っていることを誰もが理解できるようにゆっくりと話した」

2. 名詞・代名詞を修飾する副詞 ▶ 直前に置く

　例 **Almost** nothing could stop him.
　　「彼を止められるものはほとんど何もなかった」

　　注 **alone**「〜だけ」，**also**「〜もまた」，**else**「〜の他に」
　　　▶ 直後に置く
　　例 Money **alone** cannot make us happy.
　　　「お金だけでは私たちを幸福にすることはできない」

3. 動詞を修飾する副詞

① 〔方法・様態〕を表す副詞 ▶ 動詞の後ろ，目的語・補語の後ろに置く

　例 The dog appeared **suddenly**.
　　「その犬は突然姿を現した」

　例 They investigated the case **thoroughly**.
　　「彼らはその事件を徹底的に調査した」

　例 Her face turned pale **suddenly**.
　　「彼女の顔は突然真っ青になった」

② 〔頻度〕を表す副詞 ▷ be 動詞・最初の助動詞の後ろ，完了形の have [has] の後ろ，一般動詞の前に置く

例 Kate is **seldom** at home on Sundays.
「ケイトは日曜日はめったに家にいない」

例 Tom has **always** been careful in choosing friends.
「トムは常に慎重に友達を選んできた」

例 Kate **always** hands in her report before the deadline.
「ケイトは常にレポートを締切前に提出する」

注 **frequently**「しばしば」, **generally**「普通」, **normally**「通常」, **occasionally**「時折」, **ordinarily**「たいてい」, **sometimes**「時々」, **usually**「普通」は，文頭にも出せる．

例 **Usually** we have a lot of sunny days in October.
「普通10月は晴れの日が多い」

---

③ 〔時〕を表す副詞 ▷ 通常は文尾，強調の場合は文頭に置く

例 Susan arrived here **yesterday**.
= **Yesterday** Susan arrived here.
「スーザンは昨日ここに来た」

注1 〔時〕の副詞が重なる場合は小さい単位から大きい単位の順に並べる．

例 Susan was born at 3 o'clock in the morning on the third of March.
「スーザンは3月3日の午前3時に生まれた」

注2 〔場所〕の副詞が重なる場合も小さい単位から大きい単位の順に並べる．

例 Tom lives in an apartment house near Takadanobaba station in Shinjuku.
「トムは新宿の高田馬場駅近くのアパートに住んでいる」

演習問題

演習問題1　やや易　解答時間：3分

次の(1)〜(5)の日本語を与えられた語(句)を並べ替えなさい．ただし，文頭にくるものも小文字で書かれています．また，語(句)はそれぞれ1回しか使えません．

(1) 計画を立てるのは簡単だが，実行するのは難しい．
　ア．but　　　　　　イ．to make plans　　ウ．to carry them
　エ．it is　　　　　　オ．easy　　　　　　カ．difficult　　キ．out

(2) 先日なくしたと言っていた本は見つかりましたか？
　ア．the book　　　　イ．the other day　　ウ．you found
　エ．you said　　　　オ．you had lost　　　カ．have

(3) 人前でのふるまいを観察すれば，その人について多くのことがわかる．
　ア．you can learn　　イ．how　　　　　　ウ．by observing
　エ．about a person　オ．in public　　　　カ．he behaves
　キ．many things

(4) 彼は気が滅入って何も食べる気になれなかった．
　ア．to eat anything　イ．he could not　　ウ．he felt　　エ．bring
　オ．that　　　　　　カ．himself　　　　キ．so depressed

(5) うわさを流したのは秘書だと言われている．
　ア．the rumor　　　イ．it was　　　　　ウ．that　　　エ．is said
　オ．circulated　　　カ．it　　　　　　　キ．the secretary who

［東海大・医学部］

解答

（1）エ―オ―イ―ア―カ―ウ―キ　　（2）カ―ウ―ア―エ―オ―イ

（3）ア―キ―エ―ウ―イ―カ―オ　　（4）ウ―キ―オ―イ―エ―カ―ア

（5）カ―エ―ウ―イ―キ―オ―ア

解説

（1）与えられた日本語を英語構造にふさわしい日本語に変形させることがポイント。

「計画を立てるのは～だ」→「計画を立てることは～だ」＝ It is ～ to make plans。〈It is ＋形容詞$_1$＋ to V$_1$ but ＋形容詞$_2$＋ to V$_2$〉「V$_1$することは〔形容詞$_1$〕だが，V$_2$することは〔形容詞$_2$〕だ」というように，形式主語構文を等位接続詞の but でつなぐ形を目指す。carry them out「それらを実行する」というように，目的語が代名詞の場合は動詞と副詞の間に挿入し，名詞の場合は carry plans out か carry out plans にする。

以上より，正しい語順は，It is easy to make plans but difficult to carry them out. となる。

（2）目的格の which が the book と you の間に省略されていることに気づくかどうかがポイント。たとえば，以下のように2つの文が組み合わさった英文を想定してみるとよい。

①Have you found the book?

②You said you had lost it the other day.

the book と it が同一のものを指す。したがって it を目的格の which に変えて接続してみると，

①＋②＝ Have you found the book which you said you had lost the other day?

といった単語の配列となる。

正しい語順は，Have you found the book you said you had lost the other day?

（3）与えられた日本文を英語にしやすいように変形させるのがポイント。「人前での

ふるまい」→「人前でその人がどのようにふるまうか」= how he behaves in public.「～を観察すれば」→「～を観察することによって」= by observing ～.「～について多くのことがわかる」= You can learn many things about ～.

　以上より，正しい語順は，<u>You can learn many things about a person by observing how he behaves in public.</u>

（4）与えられた so と that の組み合わせを思いつくことがポイント.「気が滅入って～なれなかった」→「あまりにも気が滅入ってしまって～できなかった」= felt so depressed that S could not ～. イディオムの bring oneself to do「～をする気になる」も重要.

　正しい語順は，<u>He felt so depressed that he could not bring himself to eat anything.</u>

（5）「～だと言われている」= It is said that ～. また，この that 節中は the secretary を強調する強調構文になっていることに気づくことがポイント.

　正しい語順は，<u>It is said that it was the secretary who circulated the rumor.</u>

演習問題2

やや難　解答時間：**3分**

例にならって，以下の単語を並べ替え，単語を1語だけ加えて日本語訳に合う英文を作りなさい．

　例：care　take　yourself　please.
　　「どうかお気をつけて」
　　Please take care of yourself.

（1）like　more　can't　human　robots　a　why?
　　「どうしてロボットはもっと人間のようになれないのか？」

（2）children　in　all　sit　a　the　have.
　　「子どもたちみんなを車座にしなさい」

（3）bug　we　the　saw　a　ceiling　on.
　　「私たちは虫が天井を這っているところを見ました」

[東京慈恵会医科大・医学部]

解答

（1）Why can't robots be more like a human?
（2）Have all the children sit in a circle.
（3）We saw a bug crawling [creeping] on the ceiling.

解説

各問，日本語を参考にしながら補うべき語を突きとめる必要がある．
（1）「人間のようになれないのか？」→「人間と似ることができないのか？」＝ can't S be like a human? とし，be like ～で「～と似ている」というように

Part1．"医学部に出る"語句整序問題　33

be 動詞を補えば OK. また, 疑問文なので主語と動詞を倒置させること.
「もっと〜」を意味する副詞の more は前置詞句を強調する働きがあるので, 語順は more like a human となる. 原級の much も同様に前置詞句を強調する働きがある. **例** To my surprise「驚いたことには」→ Much to my surprise「とても驚いたことには」

(2) 「車座」は「輪になって座る」という意味なので, sit in a circle というように circle を補う. さらに, 使役動詞 have を使って, have O do 〜「O に〜させる」という形に並べる.

　　与えられた日本語は命令文なので, Have all the children sit in a circle. となる.

(3) 「虫が天井を這っているところを見ました」は知覚動詞の saw を用いて see O doing 〜「O が〜しているところを見る」とすればよい.「這う」は crawl か creep なので crawling か creeping とすること.

　　よって正しい語順は, We saw a bug crawling [creeping] on the ceiling.

演習問題3　やや難　解答時間：3分

意味が通るようにカッコ内の語句を並べ替えなさい.

1. Make (is, you, the door, go, before, locked, that, sure) to bed.

2. I (half, speak, she, wish, I, as well as, could, English) does.

3. Do (if, the television, I, mind, on, you, in, turn) your room?

4. All (to, and, you, do, is, apologize, have) she will forgive you.

5. Every year (caused, lung cancer, of, from, die, thousands, by, people) smoking.

[昭和大・医学部]

解答

1. sure that the door is locked before you go
2. wish I could speak English half as well as she
3. you mind if I turn on the television in
4. you have to do is apologize and
5. thousands of people die from lung cancer caused by

解説

1. Make sure that 〜は「〜するように確認してください」という命令文. the door is locked「鍵がかけられている」, go to bed「就寝する／寝る」といった語句のつながりを見つけること.

　　　　正解は，Make（sure that the door is locked before you go）to bed.
「寝る前には必ずドアを閉めるようにしてください」

2. I wish I could ～「～できればなあ」のあとは動詞の原形．half as well as ～「～の半分くらい上手に」．文末の does は speaks の代動詞．

　　　　正解は，I（wish I could speak English half as well as she）does.「彼女の半分でも英語を話すことができればなあ」

3. Do you mind if I ～？「（私が）～してもかまいませんか？」，turn on ～「（テレビ・ラジオの）スイッチを入れる」

　　　　正解は，Do（you mind if I turn on the television in）your room?「あなたの部屋でテレビをつけてもいいですか？」

4. All you have to do is ～「～しさえすればよい」．is のあとは原形動詞がつづく．

　　　　正解は，All（you have to do is apologize and）she will forgive you.「君は謝りさえすればいいんだ．彼女は君を許してくれるよ」

5. thousands of ～「数千もの～」，die from ～「～で亡くなる」，caused by ～「～によって引き起こされた／～が原因の」

　　　　正解は，Every year（thousands of people die from lung cancer caused by）smoking.「毎年，何千もの人々が喫煙が原因の肺がんで亡くなっている」

演習問題4

普通　解答時間：**3分**

下記の設問において（　）内の語句を並べ替えて英文を完成させなさい．

（1）Please don't（1 if　2 know　3 let　4 hesitate　5 I　6 me　7 to）can be of help. I'll be glad to come at any time.

（2）Aspirin,（1 amount　2 proper　3 the　4 if　5 in　6 administered　7 and way）, can reduce swelling and pain without causing side effects.

（3）He became one of the richest men in the world,（1 family　2 spite of　3 born　4 being　5 in　6 into　7 a poor）.

（4）In the end,（1 to be　2 the expectations　3 everyone　4 his results　5 of　6 beyond　7 proved）and led to his great success.

（5）No one（1 effort　2 imagine　3 it　4 can　5 takes　6 how much　7 win　8 to）the Nobel Prize.

［順天堂大・医学部］

解答

（1）4—7—3—6—2—1—5　　（2）4—6—5—3—2—1—7
（3）5—2—4—3—6—7—1　　（4）4—7—1—6—2—5—3
（5）4—2—6—1—3—5—8—7

> 解説

(1) don't hesitate to V「遠慮せずに V してください」，let me know「私に知らせてください」，I can be of help「お役に立てる」

　　正しい語順は，Please don't (hesitate to let me know if I) can be of help. I'll be glad to come at any time.「お役に立てることがありましたら遠慮せずに知らせてください．いつでも喜んで参ります」

(2) if (it is) administered「もし服用されれば」，in the proper amount and way「適切な分量と方法で」

　　正しい語順は，Aspirin, (if administered in the proper amount and way), can reduce swelling and pain without causing side effects.「アスピリンは，適切な分量と方法で服用されれば，副作用を引き起こすことなしに腫れと痛みを緩和させることができます」

(3) in spite of ～「～にも関わらず」，being born into ～「～に生まれたこと」

　　正しい語順は，He became one of the richest men in the world, (in spite of being born into a poor family).「彼は貧しい家庭に生まれたにも関わらず，世界で最も裕福な人の1人となった」

(4) proved to be ～「結局は～だとわかった」，beyond the expectations of ～「～の期待を超えた」

　　正しい語順は，In the end, (his results proved to be beyond the expectations of everyone) and led to his great success.「最終的に彼の出した結果はあらゆる人の期待を上回り，大成功をもたらした」

(5) No one can imagine ～「～について誰も想像できない」（＝疑念動詞）の後ろは原則として疑問詞（wh- 節）がつづくので，No one can imagine how much ～とつながる．次に5の takes から，〈it takes ＋努力・苦労＋ to V〉「V するのに〔努力・苦労〕を必要とする」という構文を作り出せる．

　　よって，No one (can imagine how much effort it takes to win) the Nobel Prize.「ノーベル賞をとるのにどれほどの努力が必要なのかは，誰も想像できない」という語順になる．

演習問題5　やや易　解答時間：4分

日本文の意味に近くなるように，〔　〕内の語句を並べ替えなさい．

問1．都合がよければ，火曜日の11時に来てください．
　　　Please come at 11 o'clock on Tuesday（　　）（　　）（　　）
　　（　　）（　　）（　　）．
　　〔① it　　② for　　③ you　　④ convenient　⑤ if　　⑥ is〕

問2．彼らが帰ったらすぐ連絡してほしいと彼女は私に依頼した．
　　　She asked（　　）（　　）（　　）（　　）（　　）
　　they returned.
　　〔① to　　② contact　③ moment　④ her　　⑤ the　　⑥ me〕

問3．このアルバムを見るたびに，楽しかった学生時代を思い出す．
　　　I（　　）（　　）（　　）this　album（　　）（　　）
　　（　　）of my happy school days.
　　〔① look　② without　③ at　　④ being　⑤ never　⑥ reminded〕

問4．騒音に負けずに私の声を届かせようとしたが，だめだった．
　　　I tried in（　　）（　　）（　　）（　　）（　　）（　　）
　　the noise.
　　〔① to　　② heard　　③ above　④ make　⑤ vain　⑥ myself〕

問5．ささやかながら，あなたの家族のお役に立てることは何でもしたい．
　　　I'd　like　to　do（　　）（　　）（　　）（　　）（　　）
　　（　　）for your family.
　　〔① little　② I　　③ what　　④ service　⑤ do　　⑥ can〕

問6. 私には使う金がないのに，彼には金を使うものがない．

While I have no money to spend, he (　　) (　　) (　　) (　　) (　　) (　　).

〔① on　② money　③ nothing　④ spend　⑤ has　⑥ to〕

問7. 食べているときほど，彼が幸せに見えるときはない．

At no other time (　　) (　　) (　　) (　　) (　　) when he is eating.

〔① he　② look　③ as　④ does　⑤ happy　⑥ so〕

[埼玉医科大・医学部]

解答

問1. ⑤―①―⑥―④―②―③　　問2. ⑥―①―②―④―⑤―③

問3. ⑤―①―③，②―④―⑥　　問4. ⑤―①―④―⑥―②―③

問5. ③―①―④―②―⑥―⑤　　問6. ⑤―③―⑥―④―②―①

問7. ④―①―②―⑥―⑤―③

解説

問1. it is convenient for you「あなたにとって都合がよい」．convenient は人を主語にしない形容詞．

　　正しい語順は，Please come at 11 o'clock on Tuesday (<u>if</u> <u>it</u> <u>is</u> <u>convenient</u> <u>for</u> <u>you</u>)．

問2. 〈ask ＋人＋ to V〉「〔人〕に V するよう求める」．the moment S V「V するとすぐに」＝ as soon as S V．

　　正しい語順は，She asked (<u>me</u> <u>to</u> <u>contact</u> <u>her</u> <u>the</u> <u>moment</u>) they returned．

問3.「V₁するたびにV₂する」＝ never V₁ without V₂-ing. be reminded of ～「～を思い出す」

　　正しい語順は，I (never look at) this album (without being reminded) of my happy school days.
問4. tried in vain to V「Vしようとしたがだめだった」，make myself heard「言っていることを聞いてもらう」

　　正しい語順は，I tried in (vain to make myself heard above) the noise.
問5.「ささやかながら，お役に立てることは何でも」の部分は関係形容詞を使うことがポイント．典型的な例文は，I gave him what little money I had then.「そのときもっていたささやかながらすべてのお金を彼にあげた」．〈what＋名詞＋S V〉「SがVするすべての〔名詞〕」．ここで使われている little は形容詞．money も service も不可算名詞．

　　正しい語順は，I'd like to do (what little service I can do) for your family.
問6. has nothing to do ～「～すべきものがない」の to do は不定詞の形容詞的用法．has to do ～「～しなければならない」としないこと．〈spend＋お金＋on ～〉「～に〔お金〕を使う」

　　正しい語順は，While I have no money to spend, he (has nothing to spend money on).
問7. At no other time という否定の副詞が文頭にあるので，倒置形に並べることがポイント．look は第2文型動詞で，後ろに形容詞 happy がつづく．At no other time does S V so ～ as …「…ほど～なときはない」

　　正しい語順は，At no other time (does he look so happy as) when he is eating.

Part1.｢医学部に出る"語句整序問題　　41

演習問題6

次の a 〜 e のことわざにつけられた説明文の空欄を，それぞれ①〜⑥の語で埋めて並べ替えよ．

a. Rome was not built in a day.
   Important tasks ___ ___ ___ ___ ___ ___ and take a long time to complete.
   ① a lot　② call　③ for　④ hard　⑤ of　⑥ work

b. Saying is one thing and doing is another.
   It is easier to talk about doing a thing than to do it. It is easier to give advice ___ ___ ___ ___ ___ ___.
   ① into　② it　③ put　④ practice　⑤ than　⑥ to

c. The early bird catches the worm.
   This is good advice to those who get up late in the morning or miss ___ ___ ___ ___ ___ ___.
   ① acting　② by　③ enough　④ not　⑤ opportunities　⑥ quickly

d. Where there's a will, there's a way.
   Don't let ___ ___ ___ ___ ___ ___ to your purpose. If at first you don't succeed, keep trying again and again and you will finally succeed.
   ① discourage　② early　③ failure　④ from　⑤ sticking　⑥ you

e. There is no royal road to learning.
   A royal road to anything is a way of attaining it without trouble

or effort, since a _____ _____ _____ _____ _____ _____ for him. One cannot attain learning without hard work.

① always ② easy ③ king's ④ made ⑤ is ⑥ way

［東京医科大・医学部］

解答

a. ②—③—①—⑤—④—⑥   b. ⑤—⑥—③—②—①—④
c. ⑤—②—④—①—⑥—③   d. ②—③—①—⑥—④—⑤
e. ③—⑥—⑤—①—④—②

解説

a. Rome was not built in a day.「ローマは1日にして成らず」．call for ～「～を要求する」．a lot of ～「たくさんの～」の後ろには不可算名詞がつづくことができる．

　正しい語順は，Important tasks (call for a lot of hard work) and take a long time to complete.「重要な仕事はたくさんのきつい仕事を要求し，完成させるのに多くの時間を要する」

b. Saying is one thing and doing is another.「言うは易く行うは難し」→ A is one thing and B is another.「AとBはまったく別の問題である」．than は等位接続詞なので前後が同じ形で反復される．to give advice と to put it into practice をつなぐ働きがある．put ～ into practice「～を実行する」

　正しい語順は，It is easier to talk about doing a thing than to do it. It is easier to give advice (than to put it into practice).「あることについて語ることは，それをするよりも易しい．助言することは，それを実行することよりも易しい」

c. The early bird catches the worm.「早起きは三文の得」．miss opportunities「好機を逃す」，by not V-ing「Vしないことによって」．act quickly enough「十分に早く行動する」→ enough は quickly の後ろが正しい．

　正しい語順は，This is good advice to those who get up late in the morning or miss (<u>opportunities</u> <u>by</u> <u>not</u> <u>acting</u> <u>quickly</u> <u>enough</u>).「これは朝寝坊する人，すなわち早めに行動をしないことによって好機を失う人に対するよいアドバイスである」

d. Where there's a will, there's a way.「精神一到何事かならざらん」→ where は接続詞「～するところには」．Don't let O V「O に V させてはいけない」．〈discourage ＋人＋ from V-ing〉「〔人〕が V するのを思いとどまらせる」

　以上から正しい語順は，Don't let (<u>early</u> <u>failure</u> <u>discourage</u> <u>you</u> <u>from</u> <u>sticking</u>) to your purpose. If at first you don't succeed, keep trying again and again and you will finally succeed.「初めの失敗に落胆させられて目標の貫徹を諦めてはいけない」

e. There is no royal road to learning.「学問に王道なし」．make a king's way easy「王様の方法を易しくする」という使役動詞の第5文型が受身になった形を目指す．

　正しい語順は，A royal road to anything is a way of attaining it without trouble or effort, since a (<u>king's</u> <u>way</u> <u>is</u> <u>always</u> <u>made</u> <u>easy</u>) for him. One cannot attain learning without hard work.「王道というのは苦労や努力をしないでそれを獲得する方法のことである．なぜなら，王様の方法は王様のために常に易しくされているからである．勤勉なくして学問を修めることはできない」

演習問題7

やや易　解答時間：**3**分

次の日本文の意味を伝えるように英文の(a)〜(f)の空欄を1〜7の語で埋めなさい．なお，使わない語が各問に1つずつある．

A. その研究はAIDSやその他の病気の新たな治療法につながるかもしれない．
　The study (a)(b)(c)(d)(e)(f) AIDS and other diseases.
　1. new　　　　2. to　　　　3. related　　　4. treatments
　5. lead　　　　6. of　　　　7. may

B. 彼の遅刻の言い訳はとても受け入れられるものではなかった．
　His (a)(b)(c)(d) was (e)(f) at all.
　1. late　　　　2. not　　　　3. excuse　　　4. being
　5. could　　　6. for　　　　7. acceptable

C. 今や，新曲は携帯にダウンロードして聴くというのが一般的になりつつある．
　It is now (a)(b)(c)(d)(e)(f) to new songs on your cell phone.
　1. download　2. becoming　3. to　　　　　4. and
　5. being　　　6. listen　　　7. common

D. みんなもうここに残るのはいやだと言っているし，正直言って，私もいやだ．
　Everybody (a)(b)(c)(d) anymore and, to be honest, so (e)(f).
　1. I　　　　　2. to　　　　3. here　　　　4. says
　5. do　　　　6. stay　　　 7. refuses

［福岡大・医学部］

Part1. "医学部に出る" 語句整序問題　　45

解答

A.　a 7　　b 5　　c 2　　d 1　　e 4　　f 6
B.　a 3　　b 6　　c 4　　d 1　　e 2　　f 7
C.　a 2　　b 7　　c 3　　d 1　　e 4　　f 6
D.　a 7　　b 2　　c 6　　d 3　　e 5　　f 1

解説

A. 〈原因＋lead to＋結果〉「〔結果〕につながる／〔結果〕を引き起こす」．3の related が不要．ちなみに be related to ～「～と関係がある」といったイディオムはある．

　　正しい語順は，The study (<u>may lead to new treatments of</u>) AIDS and other diseases.

B. excuse for ～「～に対する言い訳・弁解」→ for のあとには動名詞がつづく．not acceptable「受け入れることができない／容認できない」．5の could が不要．

　　正しい語順は，His (<u>excuse for being late</u>) was (<u>not acceptable</u>) at all.

C. It is becoming common to V.「V するのが一般的になりつつある」．5の being が不要．become は「変化」を表し，be は「状態」を表す．「一般的になりつつある」ので変化の become を使う．

　　正しい語順は，It is now (<u>becoming common to download and listen</u>) to new songs on your cell phone.

D. refuse to V「V するのを断る意思がある／拒む」．～, so do I「私もまたそうだ」．4の says は不要．

　　正しい語順は，Everybody (<u>refuses to stay here</u>) anymore and, to be honest, so (<u>do I</u>).

演習問題8　普通　解答時間：3分

次の(1)から(4)の日本文の意味に合うように，与えられた語句を並べ替えて英文を完成せよ．

(1) 2003年の科学技術白書は，優秀な研究者を引きつけるための待遇改善の重要性を指摘している．

　　A 2003 white paper on science and technology points out (　　)(　　)(　　)(1)(　　)(2)(　　) researchers.

(ア) improving　　(イ) to attract　　(ウ) competent
(エ) conditions　　(オ) of　　(カ) working
(キ) the importance

(2) 大気中の二酸化炭素の濃度が50パーセント以上上昇すると，アマゾンの熱帯雨林はすべて失われてしまう．

　　The whole of the Amazon rain forest will be lost (　　)(3)(　　)(　　)(　　)(4)(　　) 50 percent.

(ア) if　　(イ) carbon dioxide　　(ウ) by more than
(エ) of　　(オ) rises　　(カ) the level
(キ) in the atmosphere

(3) 今日の日本の若者の間でいわゆる"フリーター"が増えつづけていることは，彼らの労働倫理の欠如を示している．

　　The lack of a strong work ethic among young Japanese nowadays (5)(　　)(　　)(6)(　　)(　　)(　　) the number of "freeters".

(ア) continued　　(イ) demonstrated　　(ウ) the

（エ）in　　　　　　　（オ）rise　　　　　　　（カ）is
（キ）by

（4）通常の加齢に伴う記憶と集中力の喪失の原因は，今なお未知の領域である．
The cause of the measurable loss of memory and concentration
（　）（　）（　）（ 7 ）（　）（ 8 ）（　）．
（ア）still shrouded　　（イ）with normal aging　　（ウ）mystery
（エ）that　　　　　　（オ）is　　　　　　　　　（カ）in
（キ）comes

[杏林大・医学部]

解答

1 カ　2 イ　3 カ　4 オ　5 カ　6 ウ　7 オ　8 カ

解説

（1）単語と単語の相性（コロケーション）をしっかりつかむことがポイント．the importance of V-ing「Vするという重要性」，working conditions「労働条件／作業環境」．attract「（人）を引きつける／うっとりさせる」→ attract competent researchers「有能な研究者を引きつける」

　　以上から，A 2003 white paper on science and technology points out (the importance of improving working conditions to attract competent) researchers. という語順となる．

（2）if S V の構造を目指す．the level of carbon dioxide「二酸化炭素の濃度レベル」．rises by more than 50 percent「50パーセント以上の差で上昇する」→ by は上昇幅を表す前置詞．

　　以上より，The whole of the Amazon rain forest will be lost (if the level of carbon dioxide in the atmosphere rises by more than)

48

50 percent. という語順になる．

(3) 与えられた英文の主語は「労働倫理の欠如」なので，動詞は受身形にする．is demonstrated by 〜「〜によってわかる／示されている」．the rise in 〜「〜における上昇」の rise は名詞．

　以上より，The lack of a strong work ethic among young Japanese nowadays（is demonstrated by the continued rise in）the number of "freeters". という語順になる．

(4) 〜 that comes with normal aging「通常の加齢に伴う〜」．「未知の領域である」は「ミステリーに包み込まれている」と解釈し，is still shrouded in mystery とする．「今なお」を表す副詞の still は be 動詞のあと，過去分詞の前に置く．

　以上から，The cause of the measurable loss of memory and concentration（that comes with normal aging is still shrouded in mystery）. という語順になる．

Part1. "医学部に出る" 語句整序問題　49

演習問題9　普通　解答時間：4分

次のa～eの各英文の空欄を，それぞれ①～⑤の語または語句で埋めて意味の通る英文にするとき，1～5に入る語または語句を示しなさい．

a. Everything has already been settled. Nothing ___ ___ __1__ ___ ___ difference.
　① any　② do　③ make　④ you　⑤ will

b. The developing countries are well ___ ___ __2__ ___ ___ science and technology.
　① behind　② developed　③ in　④ the　⑤ world

c. People who ___ ___ __3__ ___ ___ new, such as the first people settled in the West, are called pioneers.
　① are　② do　③ something　④ the first　⑤ to

d. It was not ___ ___ __4__ ___ ___ I realized how small Japan really is.
　① Canada　② I　③ that　④ until　⑤ visited

e. You won't see ___ ___ __5__ ___ ___ yourself.
　① do it　② it is　③ like　④ unless you　⑤ what

[東京医科大・医学部]

50

解答

1　⑤　　2　②　　3　⑤　　4　⑤　　5　③

解説

a. アタマ出しの「すべてはすでに固まっている」をヒントにつづきを考える．Nothing を先行詞として目的格の that が省略されていることに注意する．よって，Nothing (you do will make any) difference. 「あなたが何をしようと大差はないでしょう」となる．〈否定語＋ make any difference〉「何ら大差はない／何の違いもない」

b. are well behind ～「～にかなり遅れをとっている」→ behind ～「～より (進歩・能力が) 遅れて」．well は「かなり」で behind 以下の前置詞句を修飾する．in science and technology「科学と技術の点で」の in は〔基準〕を表す．

　正しい語順は，The developing countries are well (behind the developed world in) science and technology. 「発展途上国は科学と技術において先進国にかなり遅れをとっている」

c. are the first to do ～「最初に～を行う」は，first のあとに people が抜けていると考える．something new「何か新しいもの」．something は前ではなく後ろに形容詞をとる．

　正しい語順は，People who (are the first to do something) new, such as the first people settled in the West, are called pioneers. 「最初に西部に定住した人々のように，何か新しいことを最初に行う人々は開拓者と呼ばれる」

d. It was not until ～ that … 「～して初めて…する」の構文がポイント．

　正しい語順は，It was not (until I visited Canada that) I realized how small Japan really is. 「カナダを訪問して初めて，日本がいかに小さいかわかった」

e. won't see ～「～はわからないでしょう」は疑念動詞といい，後ろに疑問詞が

つづくのが原則．よって，You won't see what it is like「それがどんなものかわからないでしょう」となる．what S is like「Sは一体どういうものか」のlike は前置詞．

　正しい語順は，You won't see (what it is like unless you do it) yourself.「自分自身でやってみなければ，それがどんなものかわからないでしょう」

演習問題10

普通　解答時間：**4分**

下記の設問において（ ）内の語句を並べ替えて英文を完成させなさい．

(1) Researchers found（1 in people　2 exposed　3 cancer　4 rates　5 high　6 of　7 abnormally）to tobacco smoke.

(2) The president assured customers that when（1 can count　2 quality　3 you　4 us　5 it　6 comes to　7 on　8 for）the best products.

(3) To（1 all times　2 your eyes　3 your safety　4 the road　5 assure　6 keep　7 on　8 at）when driving.

(4) The ozone（1 that　2 from　3 ultraviolet　4 layer　5 are　6 protects us　7 rays）harmful to life.

(5) Prof. Smith said that（1 good　2 as far　3 your proposal　4 goes　5 sounds　6 it　7 as）, but it needs to be developed more.

［順天堂大・医学部］

解答

(1) 7―5―4―6―3―1―2　　(2) 5―6―2―3―1―7―4―8
(3) 5―3―6―2―7―4―8―1　　(4) 4―6―2―3―7―1―5
(5) 3―5―1―2―7―6―4

解説

(1) 文頭の Researchers found ～の部分から，第3文型か第5文型構造のいずれかであることがわかる．find O「O を発見する」，find O C「O を C だとわかる／気づく」．あとは単語と単語の相性を見つけ出すことがポイント．〈名詞＋ exposed to ～〉「～にさらされた〔名詞〕」．abnormally は副詞なので形容詞の high にかかる．形容詞の high は名詞の rates にかかる．rates of cancer で「ガンの発生率」

　以上から，Researchers found (<u>abnormally high rates of cancer in people exposed</u>) to tobacco smoke.「研究者は，たばこの煙にさらされている人々の中に異常に高いガンの発生率を発見した」

(2) when it comes to ～「～のこととなると」．count on ～ for …「…を求めて～に頼る／期待する」．主語にする you は一般人の you．

　正しい語順は，The president assured customers that when (<u>it comes to quality you can count on us for</u>) the best products.「品質の点では最高の製品をわが社に期待できると，社長は顧客に保証した」

(3) To assure your safety「身の安全を保証するために」が先頭にきて，目的を表す不定詞の副詞的用法となる．keep your eyes on ～「～を注意深く見つめる」．at all times「常に」

　正しい語順は，To (<u>assure your safety keep your eyes on the road at all times</u>) when driving.「自分の身を守るために，運転中は常に道路から目を離さないようにしなさい」

(4) ozone layer「オゾン層」，protect ～ from …「…から～を守る」，ultraviolet rays「紫外線」，are harmful to ～「～にとって有害である」

54

正しい語順は，The ozone (layer protects us from ultraviolet rays that are) harmful to life.「オゾン層は，生命体に有害な紫外線から私たちを守ってくれる」

（5）as far as it goes「ある程度までは」．sound ～「～のように聞こえる／印象を受ける」は第2文型で，～には good が入る．

　　正しい語順は，Prof. Smith said that (your proposal sounds good as far as it goes), but it needs to be developed more.「あなたの提案はそこそこすばらしいものに思えるが，さらに発展させる必要がある，とスミス教授は言った」

Part 2 医学部に出る 誤文・誤謬指摘問題

出題傾向の POINT

「誤文・誤謬指摘問題」に出るポイント20選

1 〈他動詞＋副詞〉のイディオム

> 句動詞には，目的語に代名詞が使用されると副詞は代名詞の後ろに置かれるものがあるので注意

例 We couldn't **carry out** our original plan.
「われわれは当初の計画を実行に移すことができなかった」
× We couldn't *carry out* it.
○ We couldn't **carry** it **out**.

このパターンをとる句動詞

(*がついたものは，目的語が名詞の場合でも副詞が後置される)

- ☐ answer back* 「～に口答えする」(= contradict)
- ☐ back up 「～を支持する」(= support)
- ☐ bear out 「～を確証する」(= confirm)
- ☐ break down 「～を分解する」(= analyze)
- ☐ break off 「(親善関係など)を急に絶つ」(= end)
- ☐ bring about 「(ある結果など)を引き起こす」(= cause to happen)
- ☐ bring down 「～を倒す」(= defeat)
- ☐ bring up 「～を育てる／教育する」(= rear / educate)
- ☐ call off 「～をとりやめる」(= cancel)
- ☐ carry on 「～をつづける」(= continue)

☐	carry out	「〜を実行する」（= execute）， 「〜を行う」（= perform）
☐	cover up	「（事実など）を隠す」（= conceal）
☐	cut off	「（電話）を切る」（= interrupt on the phone）， 「（供給）を絶つ」（= stop supplies）
☐	do over	「〜を修繕する」（= redecorate）
☐	draw up	「〜を作成する」（= compile）
☐	fill <u>in</u> [out]	「〜に記入する」（= supply details）
☐	give away	「（秘密など）をもらす」（= make known）
☐	give up	「〜をやめる」（= stop）， 「降参する」（= surrender）
☐	hit it off	「（人と）うまくやっていく」（= get on well together）
☐	hold up	「〜を遅らせる／停滞させる」（= delay / stop）
☐	keep under*	「（感情など）を抑える」，「〜を鎮圧する」 （= suppress）
☐	lay off	「〜を一時解雇する」（= stop employing）
☐	leave out	「（人・名前）を除く」（= omit）
☐	let off	「〜を放免する」（= not punish）
☐	look up	「〜を調べる」（= look in a dictionary）， 「（人）を訪れる」（= visit someone）
☐	make out	「〜を理解する」（= understand）
☐	make up	「（話など）をでっちあげる」（= invent）
☐	pay back	「〜に復讐する」（= get revenge）
☐	point out	「〜を示す／指摘する」（= show / explain）
☐	put up	「（人）を泊める」（= give someone accommodation）
☐	run down	「（人）をけなす」（= criticize unfairly）
☐	set back	「〜を遅らせる」（= delay）
☐	set up	「〜を設立する」（= establish）

- [ ] shake off 「〜をとり除く」（= get rid of）
- [ ] spell out 「〜をはっきりさせる」（= make it absolutely clear）
- [ ] step up 「〜を増やす／増加させる」（= increase）
- [ ] take in 「〜をだます」（= deceive）
- [ ] take out 「〜を外に誘う」（= invite someone out）
- [ ] take over 「〜を引き受ける」（= take responsibility for）
- [ ] take up 「〜を占める」（= occupy），
  「〜を専門に始める」（= start）
- [ ] try out 「〜を試す」（= test）
- [ ] turn down 「〜を拒絶する」（= reject）
- [ ] win over 「〜を説き伏せる」（= persuade someone to agree）
- [ ] wipe out 「〜を一掃する」（= destroy completely）
- [ ] work out 「〜を解決する」（= solve）

2 受動態にならない他動詞

動詞の中には受身にできないものがあるので注意

①状態相の動詞，人の意志によってコントロールされない動詞

- 例 This parking lot **measures** 100 × 200 meters.
  「この駐車場は縦100メートル，横200メートルある」
- 例 This auditorium can **hold** 5000 people.
  「この講堂は5000人収容することができる」
- 例 Tofu **contains** a lot of protein.
  「豆腐には多くのたんぱく質が含まれている」

②相互関係を示す動詞

- 例 A hot climate **suits** bananas and pineapples.
  「熱い気候はバナナやパイナップルに適している」
- 例 Kate **resembles** her mother.
  「ケイトは母親に似ている」

③到着などを表す動詞・群動詞

- 例 We **arrived at** Los Angeles late at night.
  「私たちは夜遅くにロサンゼルスに着いた」
- 例 He **reached** the airport an hour late.
  「彼は1時間遅れて空港に着いた」

> 注 動詞は動作相と状態相の両方をもっている場合が多い．受身に使用されている場合は動作相となっている．

> 例 I can **see** your point. （状態相）
> 「あなたの言いたいことは理解できる」

> 例 He **was seen** entering the building. （動作相）
> 「彼はその建物に入るところを見られた」

受動態にならない動詞

- [ ] appreciate 「〜を感謝する」
- [ ] cost 「(費用)がかかる」
- [ ] hear 「(うわさ)を聞く」
- [ ] lack 「〜が欠ける」
- [ ] resemble 「〜に似ている」
- [ ] wish 「〜を望む」
- [ ] become 「〜に似合う」
- [ ] equal 「〜に等しい」
- [ ] hold 「〜を収容する」
- [ ] mind 「〜を気にする」
- [ ] suit 「〜にふさわしい」

3 that 節の代用をする so

so は「そのように」の意味で that 節の代用として使われることがある

例 She will show up soon. I hope **so**.
   = I hope **that she will show up soon**.
「彼女はすぐにやってくるでしょう．そうだといいですね」

注 否定の場合は not を使用する．

例 He won't miss the plane. I hope **not**.
   = I hope **that he won't miss the plane**.
「彼が飛行機に乗り遅れることはないでしょう．そう願いたいですね」

I 〜 so. のパターンをとる動詞

- be afraid 「残念ながら〜のようだ」
- hope 「希望する」
- expect 「期待する」
- fear 「恐れる」
- think 「思う」
- believe 「信じる／思う」
- fancy 「想像する」
- guess 「推測する」
- imagine 「想像する」
- suppose 「思う」

4 助動詞の確実性

> 助動詞のニュアンスの違いを，物事が発生する確実性によって表すと，以下のようになる

①現在の意味の場合

不確実（uncertain）

might	ひょっとして〜かもしれない
may	〜かもしれない
could	〜であるかもしれない
can	〜でありうる
should	たぶん〜である
ought to	〜のはずである
would	〜だろう
will	〜だろう
must	〜に違いない

確実（certain）

②過去の意味の場合

不確実（uncertain）

might have +過去分詞	ひょっとして〜だったかもしれない
may have +過去分詞	〜だったかもしれない
could have +過去分詞	〜であったかもしれない
can（not）have +過去分詞	〜でありえた（あったはずがない）
should have +過去分詞	たぶん〜であった
ought to have +過去分詞	〜であったはずである
would have +過去分詞	〜であったろう
must have +過去分詞	〜であったに違いない

確実（certain）

例 It **might be** true.
「ひょっとしてそれは真実であるかもしれない」
It **may be** true.
「それは真実であるかもしれない」
It **could be** true.
「それは真実であるかもしれない」
It **can be** true.
「それは真実でありうる」
It **should be** true.
「たぶんそれは真実である」
It **ought to be** true.
「それは真実のはずである」
It **would be** true.
「それは真実だろう」
It **will be** true.
「それは真実だろう」
It **must be** true.
「それは真実に違いない」

5 〈the＋形容詞〉の用法

A. 〈the＋形容詞〉は，人を表す複数名詞になることがある

例 **The old** have a lot to contribute to our society.
　= **Old people** have a lot to contribute to our society.
　「老人が社会に貢献できることは多い」

よく使われる例

☐ the blind	「目の不自由な人」
☐ the deaf	「耳の不自由な人」
☐ the good	「善良な人」
☐ the wicked	「意地の悪い人」
☐ the old	「年老いた人」
☐ the young	「若い人」
☐ the living	「生きている人」
☐ the dead	「死んだ人」
☐ the rich	「金持ち」
☐ the poor	「貧しい人」
☐ the sick	「病人」
☐ the unemployed	「失業者」

注 対句となるときは，the をつけない．
例 **young and old** 　　「老いも若きも」
例 **high and low** 　　「身分の高い人も低い人も」
例 **rich and poor** 　　「金持ちも貧乏人も」

B. 〈the ＋形容詞〉は，抽象名詞となることがある

例 **The practicable** is often preferred to **the impracticable**.
「実現可能なことは実現不可能なことよりも好まれるのが普通である」

よく使われる例

☐ the actual	「現実」
☐ the ideal	「理想」
☐ the abstract	「抽象的なこと」
☐ the concrete	「具体的なこと」
☐ the invisible	「目に見えないもの」
☐ the visible	「目に見えるもの」
☐ the supernatural	「超自然的なもの」
☐ the unexpected	「予期しないこと」
☐ the unheard of	「聞いたことがないもの」
☐ the unknown	「知られていないこと」
☐ the practicable	「実現可能なこと」
☐ the impracticable	「実現不可能なこと」

注 常に単数形をとることに注意．また，この場合も対句のときは the をつけない．

例 **Slow and steady** wins the race. 「急がば回れ」

6 large / smallを使用して数量を表す名詞

以下の名詞は数量を表す際, large / smallを使う

- [ ] amount 「量」
- [ ] crew 「乗組員」
- [ ] income 「収入」
- [ ] quantity 「量」
- [ ] attendance 「出席者」
- [ ] expense 「費用」
- [ ] number 「数」
- [ ] sum 「金額」
- [ ] audience 「聴衆」
- [ ] family 「家族」
- [ ] population 「人口」

注1 頻度を表すには frequent, rare を使用する.

例 × Snowstorms are so *many* in Iowa in winter.
　　○ Snowstorms are **frequent** in Iowa in winter.
　　「アイオワの冬は吹雪が多い」

例 × Typhoons are *few* in Siberia.
　　○ Typhoons are **rare** in Siberia.
　　「シベリアでは台風はめったにない」

注2 a lot of「多くの」, plenty of「多くの」, enough「十分な」は, 数・量ともに使用される.

7 集合名詞の数え方

> **A. 集合名詞は，集合体全体を1つの単位としてみる場合は単数扱いにし，個々の構成員に目を向ける場合は複数扱いにする**

例 There **was** a huge audience today.
「今日，聴衆が大勢集まった」

例 The audience **were** all very excited.
「観衆はみな，とても興奮していた」

注 集合体が複数になれば当然複数扱いになる．

例 Three families **were** present at the meeting.
「会には3家族が出席していた」

単数扱いも複数扱いもできる集合名詞

- cabinet 「閣僚」
- council 「評議会」
- jury 「陪審員」
- class 「クラス」
- crew 「乗組員」
- generation 「世代」
- team 「チーム」
- congregation 「集会」
- government 「政府」
- committee 「委員会」
- family 「家族」
- staff 「職員」
- company 「会社」
- union 「組合」
- nation 「国民」
- club 「クラブ」
- crowd 「群衆」
- public 「大衆」

> **B. 一方，常に複数扱いをする集合名詞がある．複数形をもたず，a [an] もつけない．the をつけて，全体あるいは特定のものを表す**

例 The police **are satisfied** with the result of the investigation.
「警察は捜査の結果に満足している」

例 The cattle **were dying** because of the drought.
「干ばつのため，牛の群れは死にかけていた」

常に複数扱いの集合名詞

- clergy 「僧侶」
- poultry 「家禽」
- military 「軍隊」
- swine 「ブタ」
- people 「人々」

注 1人の国民を表す場合は a people，1人の警官を表す場合は a policeman を用いる．

8 物質名詞の数え方

> 物質名詞に複数のsをつけて数えることはできないので，部分詞を使用して数える

例 Mother never wastes even **a grain of** rice. 〔形状〕
「お母さんは1粒の米さえむだにしない」

例 Mother only eats **two bowlfuls of** rice a day. 〔容器〕
「お母さんは1日にご飯を2膳しか食べない」

例 Mother usually buys **10 kilos of** rice at a time. 〔単位〕
「お母さんはたいてい1回に米を10kg買う」

〔形状〕の部分詞を使う例

- a <u>block</u> [cube] of ice 「氷のひとかたまり［キューブ1個］」
- a <u>bar</u> [cake] of soap 「石けん1個」
- a cut of beef 「牛肉1切れ」
- a drop of oil 「油1滴」
- a grain of salt 「塩1粒」
- a loaf of bread 「ひとかたまりのパン」
- a sheet of paper 「紙1枚」
- a speck of dust 「ちりひとつ」
- a stick of chalk 「チョーク1本」
- a strip of land 「細長い土地の1区画」
- a suit of clothing 「衣服上下1式」

〔容器〕の部分詞を使う例

- [ ] a bowl of rice 「ご飯1膳」
- [ ] a bucketful of water 「バケツ1杯の水」
- [ ] a cup of coffee 「コーヒー 1杯」
- [ ] a glass of wine 「ワイン1杯」
- [ ] a handful of wheat 「ひと握りの小麦」
- [ ] a jar of honey 「ハチミツ1瓶」
- [ ] a spoonful of salt 「塩1さじ」

〔単位〕の部分詞を使う例

- [ ] a meter of rope 「ロープ1メートル」
- [ ] a yard of cloth 「布1ヤード」
- [ ] a square mile of land 「土地1平方マイル」
- [ ] a liter of water 「水1リットル」
- [ ] an ounce of milk 「ミルク1オンス」
- [ ] a quart of oil 「油1クオート」
- [ ] a ton of gravel 「砂利1トン」

9 〈動名詞＋名詞〉について

使い道や用途を言い表す場合，動名詞を用いる

例 She bought a new **bathing suit**.
「彼女は新しい水着を買った」

注 「～するための」は動名詞で，「～している」は現在分詞．
例 a **bathing** suit　　　　　（動名詞）
　　 = a suit used for bathing　「水着」
例 a **bathing** girl　　　　　（分詞）
　　 = a girl who is bathing　　「泳いでいる少女」

よく使われる〈動名詞＋名詞〉の例

- [ ] boiling point 「沸点」
- [ ] freezing point 「氷点」
- [ ] melting point 「融解点」
- [ ] melting pot 「るつぼ」
- [ ] dining room 「食堂」
- [ ] living room 「居間」
- [ ] standing room 「立見席」
- [ ] standing ovation 「起立によるかっさい」
- [ ] hearing aid 「補聴器」
- [ ] reading glass 「読書用拡大鏡」
- [ ] magnifying glass 「虫めがね」
- [ ] writing desk 「書き物机」
- [ ] working clothes 「作業服」
- [ ] visiting card 「名刺」
- [ ] working knowledge 「実際に役立つ知識」
- [ ] walking dictionary 「生き字引き」
- [ ] flying saucer 「空飛ぶ円盤」

10 定冠詞 the の用法

定冠詞 the の用法には，以下の4つがある．

> **A. 基本的な用法**
> 定冠詞はどれと指摘できるもの，つまり特定化された名詞には，可算・不可算名詞に関わらず，すべてにつけられる

① これを不定冠詞と比べると次のようになる

| 可算名詞 doll の場合 | a doll | the doll |
| 不可算名詞 salt の場合 | salt | the salt |

② ものが特定化されるのは，以下のいずれかの場合である

（1）話し手が意識の中でどれと決めている場合
（2）話し手が聞き手がどのことかわかっていると判断する場合
（3）状況からどれとわかる場合
（4）限定化される場合

例（1）I really enjoyed **the** movie.
「映画，ほんとに楽しかったよ」
⇨ 自分が見た映画のことを言っている．

（2）Did you enjoy **the** party?
「パーティー，楽しかったかい？」
⇨ 相手がどのパーティーに行ったかあらかじめ知ったうえで聞いている．

（3）Would you tell me the way to **the** station?
「駅までの道のりを教えてもらえますか？」
⇨ わざわざ遠い駅を教えることはないので，状況から最寄りの駅と判断される．

（4）**The** life of **the** child should be protected.
　　　「その子の生活は保護されるべきだ」
　　　🔶 その子どもの生活であって，どの生活でもよいわけではない．

③ 後ろから前の名詞を限定するのは，主に句・節である

例　**The** breakfast **on the table** is yours.
　　　「テーブルの上の朝食はあなたのです」
例　**The** lady **you are looking for** no longer works here.
　　　「あなたがお捜しの女性はもうここで働いていません」

④ ただし，後ろから修飾されても，必ずしも前の名詞が限定されるとは限らない

例　**A** man **who is rich** is not always happy.
　　　= **A rich man** is not always happy.
　　　「金持ちが必ずしも幸福とは限らない」

B. 体の部分，ものの一部，生活の一部となっているものは，どれとわかるので the がつく

（1）ものの一部を表す例
　　　the back「後ろ」，the front「前」，
　　　the center「中心」，the bottom「底」など
（2）家の中の部屋，部屋の一部を表す例
　　　the ceiling「天井」，the door「ドア」，the floor「床」，
　　　the kitchen「台所」，the living room「居間」など
（3）人体の一部を表す例

Part2. "医学部に出る" 誤文・誤謬指摘問題　　73

the body「体」, the brain「脳」, the head「頭」など
(4) 生活の一部を表す例
the post office「郵便局」, the country「田舎」など

C. 常識的に1つしかないと考えられるものにはtheがつく

(1) 天体を表す例
the sun「太陽」, the earth「地球」, the moon「月」など
注 月のいろいろな形にはaがつく.
例 a full [new/half] moon「満［新／半］月」
(2) 方角・方向を表す例
the east「東」, the west「西」,
the right「右」, the left「左」など
(3) その他の例
the Bible「聖書」, the Koran「コーラン」, the king「王」など

D. only, last, sameなどといった序数詞や形容詞最上級にはtheがつく

例 He is **the** last person to do such a thing.
「彼は決してそのようなことをする人ではない」
例 Susan is **the** most serious student in her class.
「スーザンはクラスで一番まじめな学生です」

11 不定代名詞の用法

> **A. 不定代名詞の one, another, other, the others, some の用法は次のようになる**

①**2つの間の関係を表す場合** → one「1つ」, the other「もう1つ」

> **例** There are **two** boys; **one** is Japanese and **the other** is American.
> 「2人の少年がいる．1人は日本人で，もう1人はアメリカ人だ」

②**3つの間の関係を表す場合** → one「1つ」, another「もう1つ」, the other「残り／その他」

> **例** There are **three** roses here: **one** is red; **another** is yellow; and **the other** is white.
> 「ここに3本のバラがある．1本は赤で，もう1本は黄色，残りは白です」

③**4つ以上の関係を表す場合** → one「1つ」, <u>another</u> [a second]「もう1つ」, <u>still another</u> [a third]「さらにもう1つ」, the others「残り／その他」

> **例** He made **a second** visit to London.
> 「彼は再びロンドンを訪ねた」
>
> **注** He made **the second** visit to London.
> 「彼はロンドンへ二度目の訪問をした」

④複数の関係を表す場合❶ → some「いくつかの」, the others「残り全部」

> **例** **Some** of the students were in the classroom, but **the others** were in the playground.
> 「学生の何人かは教室に残っていたが，他は全員校庭に出ていた」

⑤複数の関係を表す場合❷ → some「〜はある」, others「また〜もある」

> **例** **Some** agreed the economic policies of the president and **others** didn't.
> 「大統領の経済政策に賛成した人もいれば，反対した人もいた」

B. 不定代名詞 one の用法には次のものがある

①単独で用いられる場合，〈a +単数普通名詞〉の代わりをする

> **例** **Your pen** writes well. I would like to buy **one**.
> → one = a pen like yours
> 「君のペンはよく書ける．私も1本買いたい」
>
> **注** I borrowed **a pen** from him, but I have lost **it**.
> → it = the pen [his pen]
> 「私は彼からペンを借りたが，それをなくしてしまった」
>
> **例** Have you seen **a koala**? Yes, I have seen **one**.
> → one = a koala
> 「コアラを見たことがありますか？ はい，あります」
>
> **注** Have you ever seen **a koala**? Yes, **it** is very cute.
> → it は a koala を指す．
> 「コアラを見たことがありますか？ はい，とてもかわいいです」

|注| 複数形の名詞を受けるときは注意する．

|例| Does she like **oranges**? Yes, she likes **ones**.
|例| Does she like **oranges**? Yes, she likes **them**.

② 修飾語がつく場合には複数形や限定詞をとれる

|例| She has **two cars**; **a red one** and **a white one**.
「彼女は車を2台もっている．赤い車と白い車だ」
|例| I need **a few boxes** for these books. Very **large ones**.
「この本を入れる箱が2, 3個必要だ．すごく大きい箱が」
|例| She has **many coins**. **The oldest ones** are from China.
「彼は多くのコインをもっている．一番古いものは中国産だ」

|注| 修飾語がついても，以下の場合は one を使用できない．
（1）不可算名詞の場合
- × She prefers red **wine** to white *one*.
- ○ She prefers red **wine** to white **wine**.
- ○ She prefers red **wine** to **white**.

（2）人称代名詞や名詞の所有格の後ろにくる場合
- × This computer is more expensive than *his one*.
- ○ This computer is more expensive than **his computer**.
- ○ This computer is more expensive than **his**.

➡ these, those の後ろでは省くのが普通．
- × These flowers are prettier than *those ones*.
- ○ These flowers are prettier than **those**.

⇨ 〈the＋名詞＋(of)〉の繰り返しを避けるときは，that (of) を用いる．

例 **The population of** our city is larger than **that of** your city.
「私たちの都市の人口はあなたの都市の人口よりも多い」

C. one には「一般の人」を表す用法もある

例 **One** should do **his** best.
「人は最善を尽くすべきだ」

例 She was **one who** never tells a lie.
「彼女は決して嘘をつくような人ではなかった」

注 複数の人々の場合は those を使用する．

例 **Those** who keep a snake as a pet are rare.
「ヘビをペットとして飼う人はめずらしい」

12 形容詞の限定用法と叙述用法

> **A. 多くの形容詞は限定用法と叙述用法の両方に使える．しかし，中には限定用法と叙述用法で意味が異なるものがある．一般に前から修飾する場合は属性を表し，後ろから修飾する場合は一時的な状態を表す**

例 He is satisfied with his **present** job. （限定用法）
「彼は現在の仕事に満足している」
All of his friends were **present** at his wedding. （叙述用法）
「彼の友達はみな，彼の結婚式に列席していた」

例 The **late** Mr. White was a fine gentleman. （限定用法）
「故ホワイト氏は立派な紳士だった」
Mr. White was **late** for an appointment. （叙述用法）
「ホワイト氏は約束の時間に遅れた」

限定用法と叙述用法で意味が異なる形容詞

	限定用法	叙述用法
☐ certain	「ある」	「必ず〜」
☐ ill	「悪い」	「病気で」
☐ present	「現在の」	「〜に出席している」
☐ sorry	「みじめな」	「〜が気の毒」
☐ fond	「優しい」	「〜が好き」
☐ late	「故」	「〜に遅れる」
☐ right	「右の」	「正しい」

Part2. "医学部に出る" 誤文・誤謬指摘問題

B. 形容詞には限定用法にしか使用できないものがある

例 × Bill is *elder* than Tom.
○ Bill is Tom's **elder** brother.
「ビルはトムの兄です」

例 × These fish are *live*.
○ These are **live** fish.
「これらは生きた魚です」

限定用法にのみ使用される形容詞

強意・限定の形容詞

☐ chief	「主な／主要な」	☐ main	「主な」
☐ only	「唯一の」	☐ out-and-out	「徹底的な」
☐ sole	「唯一の」	☐ utter	「まったくの」
☐ lone	「1人の」	☐ mere	「ほんの／単に」
☐ principal	「主な／主要な」	☐ sheer	「まったくの」
☐ total	「まったくの」	☐ every	「まさに／本当に」

元来比較級・最上級の形容詞として使用されていたもの

☐ elder	「年上の」	☐ inner	「内の／内部の」
☐ lower	「下部の」	☐ upper	「上の／上部の」
☐ former	「以前の／前の」	☐ latter	「後の／後半の」
☐ outer	「外部の」	☐ utmost	「最大の」

C. 形容詞には叙述用法にしか使用できないものがある

例 × Don't wake up the *asleep* baby.
○ The baby is fast **asleep**.
「その赤ん坊はぐっすり眠っている」

例 × I have never seen such an *afraid* child.
○ The child is **afraid** of big dogs.
「その子どもは大きな犬をこわがっている」

叙述用法にのみ使用される形容詞

a で始まる形容詞

- [ ] afloat 「浮かんで」
- [ ] akin 「同類で」
- [ ] alight 「燃えて」
- [ ] alive 「生きて」
- [ ] aloof 「離れて」
- [ ] afraid 「恐れて」
- [ ] alert 「警戒して」
- [ ] alike 「似ている」
- [ ] alone 「1人で」
- [ ] ashamed 「恥じて」
- [ ] asleep 「眠って」
- [ ] averse 「反対して」
- [ ] awake 「目が覚めて／気がついて」

感情・反応などを表す形容詞

- [ ] content 「満足して」
- [ ] pleased 「喜んで」
- [ ] upset 「気が動転した」
- [ ] liable 「傾向がある」
- [ ] well 「健康な」
- [ ] glad 「喜んで」
- [ ] sorry 「気の毒で」
- [ ] worth 「価値ある」
- [ ] unable 「不可能な」

> **注** 叙述用法の意味に相当する，限定用法の形容詞が存在するものもある．

例 The child is **afrai d**. → the **frightened** child
「おびえた子ども」

例 The boat is **afloat**. → the **floating** boat
「浮いているボート」

例 She looks **content**. → a **contented** look
「満足そうな顔つき」

例 The baby is **asleep**. → the **sleeping** baby
「寝ている赤ん坊」

例 things that are **alive** → **living** things
「生き物」

例 when she is **awake** → in her **waking** hours
「目覚めている間」

13 VeryとMuchの使い分け

A. veryは原級を, muchは比較級・最上級を修飾する

例 It was a **very beautiful** Japanese garden.
「それはとても美しい日本庭園でした」

例 He walks **much faster** than she.
「彼は彼女よりもずっと速く歩きます」

例 This is **much the best** novel I have ever read.
「これは私が今までに読んだ中で最高の小説です」

⇨ 米語では, 最上級の場合, much の代わりに by far を用いるのが一般的である.

例 This is **by far the best** novel I have ever read.

B. veryは形容詞・副詞を, muchは動詞を修飾する

例 The garden was **very beautiful**.
「その庭はとても美しかった」

例 Kate types **very fast**.
「ケイトはタイプがとても速い」

例 I usually don't **watch** TV **much**.
「私は普段あまりテレビを見ません」

C. veryは現在分詞を, muchは過去分詞を修飾する

例 This is a **very amusing** story.
「これはとても面白い話です」

例 Your help is **much appreciated**.
「あなたの援助に大いに感謝します」

注 形容詞化してしまった過去分詞は very で修飾する．

例 She is **very pleased** with the result of the game.
　　S　V　　　　　　C
「彼女は試合の結果をとても喜んでいる」

例 I noticed a **very worried** look on her face.
「私は彼女がとても心配そうな顔つきをしているのに気がついた」

⇨ 形容詞化した過去分詞は受身で by 以外の前置詞をとることがある．

例 She was **very excited** at the news.
「彼女はその知らせを聞いてとても興奮していた」

形容詞化した過去分詞の例

- amazed 「びっくりして」
- astonished 「びっくりして」
- contented 「満足して」
- distressed 「苦しんで」
- exhausted 「疲労こんぱいして」
- irritated 「いらいらして」
- relaxed 「くつろいで」
- tired 「疲れて」
- alarmed 「おびえて」
- ashamed 「恥じて」
- confused 「混乱して」
- disgusted 「うんざりして」
- excited 「興奮して」
- interested 「興味をもって」
- amused 「楽しんで」
- bewildered 「当惑して」
- depressed 「意気消沈して」
- embarrassed 「恥ずかしい思いをして」
- horrified 「ショックを受けて」
- pleased 「喜んで」
- shocked 「ショックを受けて」
- worried 「心配して」
- annoyed 「いらいらして」
- bored 「退屈して」
- delighted 「大いに喜んで」
- disturbed 「不安になって」
- frightened 「恐れて」
- moved 「感動して」

- [ ] puzzled 「困惑して」
- [ ] surprised 「驚いて」
- [ ] satisfied 「満足して」
- [ ] terrified 「おびえて」

D. veryが形容詞として名詞を修飾すると「まさにその〜／〜でさえも」という強調になる

例 Kate is the **very picture** of her mother.
「ケイトは母親に生き写しだ」

例 His **very friend** betrayed him.
「彼の友人までもが彼を裏切った」

E. muchは句を修飾する

例 **Much to our surprise**, he has many enemies.
「驚いたことに，彼には多くの敵がいる」

例 She is **much too young** to do it.
「彼女はそれをするには若すぎる」

⇨ 〈too much ＋名詞〉との違いに注意．

例 I drank **too much wine** last night.
「昨夜ワインを飲みすぎた」

注 much the same「ほぼ同じ」と the very same「まったく同じ」の意味の違いに注意．

例 They gave us **much the same** answer.
「彼らはほぼ同じ解答を私たちに出してきた」

例 They gave us **the very same** answer.
「彼らはまったく同じ解答を私たちに出してきた」

14 類似した副詞

A. 次の副詞は類似しているが,異なる意味をもつので注意すること

- [ ] clear 「完全に」 — clearly 「明らかに」
- [ ] cheap 「安く」 — cheaply 「安っぽく」
- [ ] hard 「激しく／一生懸命」 — hardly 「ほとんど～ない」
- [ ] pretty 「かなり」 — prettily 「かわいらしく」
- [ ] near 「近くで」 — nearly 「ほとんど／あやうく」
- [ ] just 「ちょうど」 — justly 「正当に」
- [ ] aloud 「声を出して」 — loudly 「大声で」
- [ ] late 「遅く」 — lately 「最近」
- [ ] high 「高く」 — highly 「非常に」
- [ ] sharp 「ちょうど／きっかり」 — sharply 「鋭く」
- [ ] most 「最も／とても」 — mostly 「大部分」
  — almost 「ほとんど」

B. most「とても」, mostly「ほとんど／大部分」, almost「ほとんど」の用法

例 She is a **most** beautiful lady. = She is a **very** beautiful lady.
「彼女はとても美しい女性だ」

例 Students in this class are **mostly** Japanese.
「このクラスの学生は大部分が日本人です」

例 **Almost** all the students in this class are Japanese.
= **Nearly** all the students in this class are Japanese.
「このクラスのほとんどすべての学生は日本人です」

C. almostとnearlyは交換可能であるが，次の場合にはそのどちらかが使用される

①**not, no, none, never** などの否定語の前 → **almost**

> 例 There was **almost** no objections to the plan.
> 「その計画にほとんど反対はなかった」

②比較・測定できる位置や時間以外 → **almost**

> 例 × I *nearly* think she is wrong.
> ○ I **almost** think she is wrong.
> 「どうも彼女は間違っていると思います」

③ **very, so, not** などの後ろ → **nearly**

> 例 × His face was very *almost* pale.
> ○ His face was very **nearly** pale.
> 「彼の顔はほとんど真っ青だった」

15 絶対比較級の用法

> 絶対比較級とは，比較の対象をはっきりさせないで，あるものを漠然と2つに分け，そのうち程度の高いほうを示す比較級をいう．絶対比較は than ～ の形をとらず，名詞の前に置かれ，much 等で強調できない．また，対になる場合が多い

例 **Higher** education is a must in this modern society.
「この現代社会において，高等教育は不可欠なものである」

絶対比較級の例

- [ ] the higher animals 「高等動物」
- [ ] the older generation 「高齢の世代」
- [ ] the upper class 「上流階級」
- [ ] higher education 「高等教育」
- [ ] a shorter road 「近道」
- [ ] the lower animals 「下等動物」
- [ ] the younger generation 「若い世代」
- [ ] the lower class 「下流階級」
- [ ] the weaker sex 「女性」
- [ ] one's better half 「妻」

注 形容詞・副詞には，以下のように比較変化を2通りもつものがある．

原級	比較級	最上級	
old「老いた」	older	oldest	〔年齢〕
	elder	eldest	〔家族関係〕
late「遅い／遅く」	later	latest	〔時間〕
	latter	last	〔順序〕
far「遠い／遠く」	farther	farthest	〔距離〕
	further	furthest	〔程度・距離〕

例 × Tom is *elder* than Bill by two years.
　○ Tom is **older** than Bill by two years.
　「トムはビルより2歳年上です」
　○ Tom is Bill's **elder** brother.
　○ Tom is Bill's **older** brother.（米語）
　「トムはビルの兄です」
⇨ elder は限定用法のみで用いられ，長幼の関係を示す．

例 × For *farther* information, please call Mr. Brown at this number.
　○ For **further** information, please call Mr. Brown at this number.
　「詳細については，この番号でブラウン氏に問い合わせてください」

16 部分否定の用法

> **all, every, always** などを **not** で否定すると、「すべて〜であるわけではない」、「いつも〜であるわけではない」という部分否定になる

例 **Nobody** wants to go to the beach. （全体否定）
「誰も浜辺へ行きたがらない」
Not all want to go to the beach. （部分否定）
「誰もが浜辺へ行きたがるわけではない」

例 I don't like **either** of them. = I like **neither** of them. （全体否定）
「私は両方とも嫌いだ」
I **don't** like **both** of them. （部分否定）
「私は両方とも嫌いなわけではない」

例 She **never** likes to sing in front of people. （全体否定）
「彼女は人前で歌うのが決して好きではない」
She **doesn't always** like to sing in front of people. （部分否定）
「彼女は必ずしも人前で歌うのが好きなわけではない」

notがつくと部分否定になる語

- [ ] all 「すべての」
- [ ] completely 「完全に」
- [ ] everybody / everyone 「みんな」
- [ ] necessarily 「必ず」
- [ ] both 「両方の」
- [ ] every 「すべての」
- [ ] exactly 「正確に」
- [ ] always 「いつも」
- [ ] entirely 「まったく」
- [ ] everywhere 「いたるところ」
- [ ] altogether 「まったく」
- [ ] each 「それぞれの」
- [ ] everything 「すべてのもの」
- [ ] quite 「まったく」

17 名詞の転用

> **A. 名詞が他の名詞の前に置かれて，その後ろの名詞を修飾する場合がある．この場合，前の名詞は形容詞と見なし，後ろの名詞が単数形でも複数形でも，そのまま(単数形のまま)の形で使う**

例 She doesn't want to take a **blood** test.
「彼女は血液検査を受けたがらない」

例 I have three **telephone** messages for you.
「電話でのメッセージが3つあります」

その他の例

- [ ] cotton shirts 「木綿のシャツ」
- [ ] bus drivers 「バスの運転手」
- [ ] farm communities 「農耕地域」
- [ ] music teachers 「音楽の先生」
- [ ] traffic lights 「交通信号灯」

例外 常に複数形として使われる名詞，たとえば arms「軍備」などは，複数形のまま形容詞として後ろの名詞を修飾する．

arms control 「軍備縮小」
communications system 「通信システム」

B. 数詞を含む場合，後ろの名詞を修飾する場合（限定用法）では，単数形で表す

例 He is a **ten-year-old** boy.
「彼は10才の男の子です」
= He is **ten years** old.
「彼は10才です」
➡ ten years old が，名詞を修飾するのではなく，補語として使われているときは，複数形で表す．

その他の例（すべて後ろの名詞を修飾する例）

- a two-digit inflation 「2桁のインフレ」
- a twenty-dollar bill 「20ドル紙幣」
- a ten-minute walk 「歩いて10分」
- a fifteen-page pamphlet 「15ページのパンフレット」

18 注意すべき副詞

A. 強調を表す副詞で注意すべきものがある

① **absolutely**「完全に」 → 比較の余地のない (non-gradable) ものについて, その両極端を表す

例 This is **absolutely** right [wrong].
「これはまったく正しい［間違っている］」

② **badly**「とても／ひどく」 → need, want, 過去分詞を修飾

例 Your shirt **badly** needs ironing.
「君のシャツはぜひアイロンをかける必要がある」

例 She was **badly** injured from the fall.
「彼女は転倒してひどく怪我をした」

③ **completely / entirely**「完全に」 → 比較の余地のないものにつく

例 The tank was **completely** empty.
「そのタンクはすっかりからっぽだった」

④ **deeply**「ひどく」 → 感情を表す語, 否定的な動詞または過去分詞を修飾

例 I **deeply** admire her dedication to charity.
「私は彼女の慈善に対する献身ぶりをとても尊敬している」
注 like, favor, prefer とともには用いられない.

例 I was **deeply** offended by his remarks.
「私は彼の言葉にひどく傷ついた」

⑤ **greatly**「大いに」→ 過去分詞の前に置かれる

> **例** She was **greatly** encouraged by his story.
> 「彼女は彼の話に大いに勇気づけられた」

⑥ **highly**「非常に／高度に」→ 感情や資格，適性を表す形容詞または過去分詞の前に置かれる

> **例** He is **highly** sensitive about his illness.
> 「彼はひどく病気のことを気にしている」
> **例** This is a **highly** sophisticated machine.
> 「これは非常に精巧な機械です」

⑦ **not 〜 in the least [slightest]**「少しも〜でない」→ not 〜 at all よりも強い否定を表す

> **例** I don't understand it **in the least**.
> 「私はそれをまったく理解できない」

⑧ **particularly**「とくに／とりわけ」→ 比較できる（gradable）ものにつく

> **例** The food served in this restaurant is **particularly** good.
> 「このレストランの食事はとくにおいしい」

⑨ **positively**「まったく」→ 否定的な形容詞または動詞を修飾

> **例** She found the man **positively** dishonest.
> 「彼女はその男がまったく不誠実であるとわかった」

⑩ **seriously**「ひどく」→ 否定的な形容詞または過去分詞を修飾

> 例 Bill was **seriously** injured in the accident.
> 「ビルはその事故でひどい怪我をした」

⑪ **thoroughly**「徹底的に／まったく」→ 肯定的・否定的な形容詞または動詞を修飾

> 例 I **thoroughly** enjoyed the show.
> 「私はそのショーを存分に楽しんだ」
> 例 He was **thoroughly** exhausted from overwork.
> 「彼は働きすぎでへとへとに疲れた」

⑫ **utterly**「まったく／すっかり」→ 否定的な形容詞または動詞につく

> 例 It was **utterly** wrong.
> 「それは完全な間違いだった」

B.「かつて／これまでに」の意味では，疑問文・否定文・条件文にeverを用い，肯定文にonceを用いる．neverは否定文に用いる

例 Have you **ever** lived in London?
「ロンドンに住んだことはありますか」
例 No, I have **never** lived there.
「いいえ，住んだことはありません」
例 I **once** lived in Paris.
「パリに住んだことがあります」
> 注 once は「一度」という意味になると文尾にくる．
> 例 I have been to Miyazaki **once**.
> 「私は一度宮崎に行ったことがある」

Part2. "医学部に出る" 誤文・誤謬指摘問題   95

C. ever には次の用法もある

①条件節の中で現在形で用いられ，「いつか」という意味になる場合

> **例** Come and see me if you are **ever** in this neighborhood.
> 「もしこの近くに来ることがあれば，お立ち寄りください」

②最上級や比較構文に用いられ，強調を表す場合

> **例** That poetry book was her best **ever**.
> = That is the best poetry book that she has **ever** written [**ever** wrote].
> 「あの詩集は彼女の生涯の傑作だった」
>
> ➡ 主節の動詞が過去のときは，that 節の時制は過去・現在完了・過去完了のいずれも可能である．
>
> **例** It was the best castle that I **ever** saw.
> I have **ever** seen.
> I had **ever** seen.
> 「それは私が今まで見た中で最高のお城だ」
>
> **例** She is **as** great a mystery writer **as ever** lived.
> 「彼女は古来稀な偉大な推理小説作家だ」

③疑問詞の直後に用いられて，「一体全体」という強調になる場合

> **例** Who **ever** do you think you are.
> 「一体自分が何者だと思っているんだ」
>
> **例** Why **ever** did she accept that offer?
> 「一体どうして彼女はその申し出を受け入れたのだろう」

⇨ everの代わりにin the worldやon earthが用いられることもある．
例 What **in the world** are you doing?
　「一体何をしているんだ」

⇨ as 〜 as ever で「相変わらず〜」という意味もある．
例 He is **as** busy **as ever**.
　「彼は相変わらず忙しい」

D. still は「まだ (〜している)」という (継続) の意味で，肯定文・否定文に用いる

例 He is **still** working on the problem.
　「彼はまだその問題を解いている」
例 Is your father **still** asleep?
　「お父さんはまだ眠っていますか」

⇨ have [be] still to V で「まだ V していない」を表す．
例 I **have still to** learn how to use the machine.
　「私はまだその機械の使い方を学んでいない」
　= have yet to V 「いまだに V していない」
例 I **have yet to** write a letter to her.
　「私はまだ彼女への手紙を書いていません」

注「まだ〜していない」の2用法．語順に注意．
例 I **still** have **not** heard the news. 〈still 〜 not〉
　「私はまだその知らせを聞いていない」
例 I have **not** eaten breakfast **yet**. 〈not 〜 yet〉
　「私はまだ朝食を食べていません」

19 名詞の所有格

> **A. 名詞の所有格は，基本的に，意味のまとまりの最後の名詞に's をつけて作る．1 語であればそのあとに，複合名詞であればその最後の名詞につける**

例 This is my father's car.
「これは私の父の車です」

例 This is my cousin Ted's book.
「これは私のいとこのテッドの本です」

例 This is my father-in-law's company.
「これは私の義父の会社です」

例 This is the lady across from the street's dog.
「これは通りの向こうに住んでいる婦人の犬です」

> 注 -s で終わる名詞には ' だけをつける．

例 a boys' school 「男子校」

⇨ 複数形でも s で終わらない場合は's をつける．

例 children's clothes 「子ども服」

⇨ 発音が s で終わる語も，' のみをつける．

例 for convenience' sake 「便宜上」

> **B. 個別所有と共有は以下のように区別する**

例 Ted and Tim's car 「テッドとティム共有の車」
Ted's and Tim's cars 「テッドの車とティムの車」

⇨ 車は 2 台なので，car は複数になる．

C. 無生物の場合は's をつけずに，〈of ＋名詞〉を使う

例 × The table's leg is broken.
○ A leg **of** the table is broken.
「テーブルの脚が1本折れている」

注 ただし，次の場合は無生物でも's を使用できる．
（1）擬人化された無生物を表す名詞の場合
　　Fortune's wheel「運命の紡ぎ車」, Heaven's will「天意」など
（2）地名を表す名詞の場合
　　Japan's future「日本の将来」,
　　Africa's natural resources「アフリカの天然資源」など
（3）天体・地域・施設・高等動物を表す名詞の場合
　　the sun's energy「太陽のエネルギー」,
　　the world's population「世界の人口」,
　　school's regulations「学校の規則」,
　　dog's intelligence「犬の知性」など
（4）時間・距離・金額・重量を表す名詞の場合
　　today's paper「今日の新聞」, twenty minutes' walk「歩いて20分の距離」,
　　ten thousand yen's worth of coffee「1万円分のコーヒー」,
　　ten pounds' weight「10ポンドの重さ」など
（5）慣用句の場合
　　at arm's length「（人）を寄せつけずに」,
　　by a hair's breadth「間一髪のところで」,
　　within a stone's throw「至近距離に」,
　　at one's journey's end「旅の終わりに」, at one's wit's end「途方にくれて」,
　　art for art's sake「芸術のための芸術」, for mercy's sake「後生だから」,
　　to one's heart's content「心ゆくまで」など

20 接尾辞

接尾辞によって意味の違いを判読する

① 名詞を作る接尾辞

(1) 動詞から名詞を作る接尾辞

(a) **-er, -or, -ant**〔〜する人, 道具〕

bake	→	baker	「パン屋」
receive	→	receiver	「レシーバー」
profess	→	professor	「教授」
attend	→	attendant	「出席者」
inhabit	→	inhabitant	「住民」

(b) **-er**〔〜する人〕, **-ee**〔〜される人〕

| employ | → | employer | 「雇主」 |
| employ | → | employee | 「従業員」 |

(c) **-ation**〔状態, 活動, 制度〕, **-ment**〔状態〕

explain	→	explanation	「説明」
explore	→	exploration	「探検」
excite	→	excitement	「興奮」
develop	→	development	「発展」

(d) **-al**〔〜すること〕

| deny | → | denial | 「否定」 |
| refuse | → | refusal | 「拒絶」 |

(e) **-ing, -age**〔活動, 活動の結果〕

swim	→	swimming	「水泳」
build	→	building	「建物」
drain	→	drainage	「水はけ」

（2）名詞・形容詞から名詞を作る接尾辞

　（a）**-ster, -eer, -er**〔活動・職業等に従事する人〕

gang	→	gangster	「ギャング」
engine	→	engineer	「技師」
New York	→	New Yorker	「ニューヨーク人」

　（b）**-let, -ette, -ling, -ess, -y, -ie**〔小さいもの，女性〕

isle	→	islet	「小島」
cigar	→	cigarette	「紙巻たばこ」
duck	→	duckling	「アヒルの子」
prince	→	princess	「王女」
dad	→	daddy	「お父さん」
aunt	→	auntie	「おばさん」

　（c）**-hood, -ship, -dom, -cracy, -(e)ry, -ful**〔地位, 制度, 領域, 量〕

adult	→	adulthood	「成人期」
kin	→	kinship	「血縁関係」
king	→	kingdom	「王国」
aristocrat	→	aristocracy	「貴族社会」
slave	→	slavery	「奴隷制度」
machine	→	machinery	「機械類」
spoon	→	spoonful	「スプーン1杯」

　（d）**-ite, -an, -ese, -ist, -ism**〔住人, 国民, 政党員など〕

Tokyo	→	Tokyoite	「東京都民」
America	→	American	「アメリカ人」
Japan	→	Japanese	「日本人」
final	→	finalist	「決勝戦出場選手」
social	→	socialism	「社会主義」

（3）形容詞から名詞を作る接尾辞

　　（a）**-ness, -ity**〔状態，性質〕

　　　　lonely　　　→　　loneliness　　　「孤独」
　　　　sane　　　　→　　sanity　　　　　「正気」

　　（b）**-th**〔抽象概念〕

　　　　long　　　　→　　length　　　　　「長さ」
　　　　broad　　　→　　breadth　　　　「広さ」

②形容詞を作る接尾辞

（1）名詞から形容詞を作る接尾辞

　　（a）**-ful**〔〜を与える，〜をもった〕

　　　　fear　　　　→　　fearful　　　　「恐ろしい」
　　　　health　　　→　　healthful　　　「健康によい」

　　（b）**-like, -ish, -ly, -some**〔〜の性格をもった〕

　　　　child　　　→　　childlike　　　「子どものような」
　　　　child　　　→　　childish　　　　「子どもっぽい」
　　　　coward　　→　　cowardly　　　　「臆病な」
　　　　burden　　→　　burdensome　　「重苦しい」

　　（c）**-less**〔〜のない〕

　　　　fear　　　　→　　fearless　　　　「恐れを知らない」

　　（d）**-y, -ous**〔〜のような，〜に満ちた〕

　　　　might　　　→　　mighty　　　　　「力強い」
　　　　courage　　→　　courageous　　　「勇敢な」

　　（e）**-al, -ial, -ic, -ical, -esque, -ique**〔〜の属性を有する，〜に関する〕

　　　　experiment　→　experimental　　「実験的な」
　　　　finance　　　→　financial　　　　「財政上の」
　　　　history　　　→　historic　　　　　「歴史上有名な」

| history | → | historical | 「歴史に関する」 |
| picture | → | picturesque | 「絵のように美しい」 |

（f）**-ar, -ary**〔～の性質の〕

| circle | → | circular | 「円の」 |
| money | → | monetary | 「貨幣の」 |

（2）動詞から形容詞を作る接尾辞

　　（a）**-able, -ible**〔～できる，～しやすい，～に適する〕

read	→	readable	「読みやすい」
change	→	changeable	「変わりやすい」
force	→	forcible	「強制的な」

　　（b）**-ate, -ive, -ite**〔～の傾向をもった〕

consider	→	considerate	「思いやりのある」
imagine	→	imaginative	「想像力豊かな」
favor	→	favorite	「好意的な」

③ 名詞・形容詞から動詞を作る接尾辞

　　（a）**-ify, -ize**〔～させる〕

| just | → | justify | 「正当化する」 |
| symbol | → | symbolize | 「象徴する」 |

　　（b）**-en, -ish**〔～になる〕

| soft | → | soften | 「柔らかくなる」 |
| languid | → | languish | 「思い悩む」 |

　　（c）**-ate**〔～する，～させる〕

| liberal | → | liberate | 「自由にする」 |
| origin | → | originate | 「始まる／創始する」 |

演習問題

演習問題1　普通　解答時間：2分

次の英文の下線部(A)〜(D)において不適切なものを1つ選べ．

(1) (A)It is not (B)enough warm for us (C)to go to the lake (D)this evening.

(2) (A)If my uncle (B)were alive today, he (C)will be over 80 (D)years old.

(3) One (A)of my favorite (B)city (C)to visit in America (D)is San Francisco.

(4) If you (A)go out for dinner, you (B)don't need to (C)worry cooking (D)or cleaning.

(5) Cathy is (A)looking for a boyfriend (B)who is (C)easy-going and has a good sense (D)of humorous.

[近畿大・医学部]

解答

(1) (B)　(2) (C)　(3) (B)　(4) (C)　(5) (D)

解説

(1) 訳は，「今晩，私たちが湖に行けるほど暖かくない」．enough は形容詞の後ろで使うこと．(B)を warm enough とするのが正しい．〈形容詞＋enough for＋人＋to V〉で「〔人〕が V するほど十分〔形容詞〕である」の意味．(A)

104

の It は形式主語で to 以下を指す．(D) は，in the evening「夕方に」とは言うが，in this evening とは言わないので正しい．morning も同じで，in the morning は「午前中」，this morning は「今朝」．in this morning とは言わない．

(2) 訳は，「もし私のおじが今日生きていたら，彼は80歳を超えているだろう」．仮定法過去の文なので，帰結文は助動詞の過去形を用いて，(C) は would be とするのが正しい．(B) の were は仮定法過去で使われる be 動詞の用法．alive「生きている」は叙述形容詞で補語として使われる形容詞．

(3) 訳は，「アメリカで私が訪れたい好きな都市の1つはサンフランシスコです」．One of ～「～の1つ」の～には複数形がくる．よって (B) は cities とするのが正しい．(C) の to visit は形容詞用法の不定詞．(D) の is の主語は先頭の One．

(4) 訳は，「もし食事に出かければ，料理やあとかたづけを心配する必要はない」．「〔人〕は～について心配する」という場合は，〈人＋worry about ～〉と，about をつけるのが正しい．他動詞の worry は後ろに人を伴って，〈worry ＋人〉という形で「〔人〕を心配させる」という意味で使う．go out for dinner「夕食に出かける」，don't need to V ＝ needn't V，not A or B「A も B も～ない」

(5) 訳は，「キャシーは，気楽でユーモアのセンスのいいボーイフレンドを探している」．(D) の前置詞 of の後ろは，形容詞 humorous でなく，名詞の humor を用いるのが正しい．a sense of humor で「ユーモアのセンス」．look for ～「～を探す」．easy-going「のんきな」は人の性格を表す形容詞．

演習問題2　普通　解答時間：3分

次の(1)〜(7)の各文の下線部1〜4の中に誤りがあればその番号を，誤りがない場合は5を選べ．

(1) The winter ₁of 1999, ₂which I was preparing ₃for the entrance examination, is still clear ₄in my memory.

(2) I am ₁pleased to hear that ₂a large number of people will attend the conference, which will ₃take place ₄on next Saturday.

(3) ₁Whenever she has financial ₂problems, she always ₃goes to see her brother for ₄a good advice.

(4) The final exams, which ₁lasted ₂four days, were ₃very more complicated than I ₄had expected.

(5) ₁Owing to the appearance of competitors in the neighborhood, we will have to ₂give up our plan to ₃rise the price by twenty ₄percent.

(6) She is ₁eager to know ₂whether you experienced something ₃amazed ₄during your travels in Europe.

(7) After ₁arriving at our office, my friend treated us as ₂though we ₃were his servants and made us ₄work so hard.

［福岡大・医学部］

解答

(1) 2　(2) 4　(3) 4　(4) 3　(5) 3　(6) 3　(7) 5

解説

(1) 訳は，「1999年の冬は，入試の準備をしていた年ですが，今でもはっきりと記憶に残っています」．I was preparing for the entrance examination は完全文なので，2では関係代名詞の which ではなく，関係副詞の when を使うのが正しい．the winter of 1999「1999年の冬」は，A of B「BのなかのA」の用法で，BとAは同類項．the winter は1999年の冬なので，in ではなく of を使う．prepare for ~「~の準備をする」，be in my memory「私の記憶に残っている」

(2) 訳は，「多くの人々が会合に出ると聞いてうれしく思います．その会合は来週の土曜日に開かれます」．on Sunday「日曜日には」とは言うが，曜日を表すとき，4のように next や last および this や that などがつく場合，前置詞の on は不要である．〈人 + be pleased to V〉「〔人〕は V してうれしい」，a large number of ~「たくさんの~」，take place「（会合やパーティーなど）が開かれる」

(3) 訳は，「彼女は経済問題を抱えるときはいつでも，よいアドバイスを求めて兄に会いに行く」．advice は不可算名詞なので，4は a を削除するか，a piece of good advice などとするのが正しい．whenever S V「S が V するときはいつでも」= every time S V．go to see ~「~に会いに行く」

(4) 訳は，「最終試験は，4日間つづいたのですが，私が思っていたよりももっと複雑でした」．比較級の more complicated を強調するには，3の very ではなく，much /(by) far / a lot / even / still を用いる．1の last は自動詞で「継続する」の意味．more ~ than I had expected「私が思っていた以上に~」

(5) 訳は，「近所の競合相手の出現のおかげで，値段を20パーセント引き上げるという計画は断念しなければならないだろう」．rise は「上がる」の意の自動詞なので，3は「上げる」の意の他動詞 raise を使うのが正しい．owing to ~「~

のおかげで」，give up ～「～を諦める」．4は twenty percents ではなく，単数形で表すこと．

（6） 訳は，「彼女は，あなたのヨーロッパの旅行中，何か驚くべきことをあなたが経験したかどうか知りたがっている」．amazed は「(人が)驚いている」の意なので，3は「(人を)驚かせる」の amazing を使うのが正しい．be eager to V「Vしたがっている」，whether S V「SはVかどうか」．during your travels「あなたの旅行中」は〈during＋期間の名称〉の用法．**例** during your summer vacation「夏季休業中」

（7） 訳は，「私たちのオフィスに到着したあと，私の友人は私たちが彼の奴隷であるかのように私たちを扱い，私たちに一生懸命働かせた」．この文は，文法上正しい．as though we were his servants は仮定法過去で主動詞 treated の時制が過去だからといって仮定法過去完了にする必要は必ずしもない．treated と made が and によってつながれている．

演習問題3 普通 解答時間：2分

次の各英文の下線部の中で誤っているものを，それぞれ1つずつ選びなさい．

(1) Hippocrates, _Aa Greek physician _Bin the 5th century BC, thought that disease _Caroused out of natural causes, and _Dthat nature _Eitself was the best healer.

(2) The years I _Aspent working with _Bthe children's home _Cwas the most _Drewarding of _Emy life.

(3) The _Ashipment of _Bbuilding materials ordered _Cat the beginning of this month will be _Ddelay due to _Estaffing shortages.

(4) The presentations _Alisting in the leaflet start _Bat 10 a.m. and _Care free _Dof charge if you _Ehold a membership.

(5) It _Ahas been shown that bees _Battending to the queen _Cconstantly _Dlick a substance from her body and _Ebe sharing it with other members of the colony.

［北里大・医学部］

解答
(1) C   (2) C   (3) D   (4) A   (5) E

解説
(1) 訳は、「紀元前5世紀のギリシャの医者ヒポクラテスは、病気は自然の原因から生じると考え、また自然そのものが最善の治療薬だと考えた」。Cの aroused は arouse ～「～を目覚めさせる」の過去形だが、ここに目的語がないので不可。arise の過去形 arose に変えて、arose out of ～「～から生ずる」の形にするのが正しい。a Greek physician「あるギリシャの医師」→ Greek「ギリシャの」、Greece「ギリシャ」。in the 5th century「5世紀の」→ century「100年」の前置詞は in。Dの that は thought の2つ目の目的語を作る接続詞の that。Eの itself は主語の直後に置き、主語を強調する働きをする。

(2) 訳は、「子どもの家で働いて過ごした数年は、私の人生で最も価値があった」。主語は The years と複数なので C は was ではなく、were が正しい。The years と I の間には、関係代名詞の目的格 which が省略されている。また、主語と補語が同一語句なので、the most rewarding years of my life の years も省略されている。〈spend ＋時間＋ V-ing〉「V するのに〔時間〕を費やす」

(3) 訳は、「今月初めに注文のあったビル建材の発送は、人手不足のため遅れることになるだろう」。Dの delay は「～を遅らせる」なので、be delayed で「遅れる」となる。due to ～「～のために」、shipment「発送・輸送」。building materials「建設資材」の building は動名詞で「建設で用いるための」という意味。at the beginning of ～「～の初めに」、staffing shortages「人手不足」

(4) 訳は、「そのパンフレットに掲載されている発表会は午前10時に始まり、もし会員証があれば、無料である」。Aの現在分詞 listing を過去分詞の listed に変え、「掲載されている発表会」とするのが正しい。「(時刻)から始まる」は、

start from ではなく start at. 後ろに「月」がくる場合は in を使う. **例** start in April「4月から始まる」. be free of charge「無料である」. E の hold は「(役職・地位・権利)をもつ／所有する」の意味.

(5) 訳は，「女王蜂に仕えている蜂は，女王蜂の体から出る物質を絶えずなめて，それをそのコロニーの他のメンバーと分かち合うということが知られている」．等位接続詞の and は動詞 lick と be sharing とを結ぶことになるが，この形では文が成立しない．ここはともに現在形で，E を share とするのが正しい. share ～ with …「…と～を共有する」. It has been shown that ～「～だと示されてきた」, attend to ～「～に仕える」, constantly「絶えず」, lick「～をなめる」

演習問題4 普通 解答時間：2分

次の各英文の下線部の中で誤っているものを，それぞれ1つずつ選びなさい．

(1) Illegal immigration exists _Awhenever the economic incentives are strong _Benough, _Cregardless of _Dauthorities' attempts to eliminate _Ethem.

(2) _AThe whole members of the Girl Scouts went _Bin the direction of a river, and most of them started to jump _Cinto the river _Dupon _Egetting to it.

(3) The cerebellum is _Athe part of the vertebrate brain _Bresponsible _Cfor controlling _Dmuscular movements, balance, and _Eto coordination.

(4) Plants _Aabsorb water and nutrients and _Banchoring themselves _Cin the soil _Dwith _Etheir roots.

(5) The tourist _Aindustry, even _Bas much as the computer industry, is the main _Csource of _Drevenue _Efor New York's economy.

［北里大・医学部］

解答
(1) E　(2) A　(3) E　(4) B　(5) B

解説

(1) 訳は，「金銭的動機が十分に強いときはいつでも，当局がなくそうと努力しようがしまいが，不法入国が存在する」．eliminate「排除する」のは illegal immigration「不法入国」なので E の them を it に直すのが正しい．whenever ～「～するたびごとに」= every time ～．enough は形容詞（strong）のあとで用いる．regardless of ～「～に関係なく」は前置詞で，目的語は authorities' attempts「当局の試み」

(2) 訳は，「ガールスカウトのメンバー全員が川の方向に進み，彼女たちのほとんどは川に着くとすぐ飛び込み始めた」．A のように定冠詞のついた複数名詞や固有名詞の全体を表す場合は，the whole members ではなく，all of the members「全メンバー」とするのが正しい．the whole world「全世界」とは言うが，the whole Asia「全アジア」とは言わない．その場合，all (of) Asia か the whole of Asia と言う．in the direction of ～「～の方向に向かって」，jump into ～「～に飛び込む」，upon getting to ～「～にたどり着くとすぐに」

(3) 訳は，「小脳は脊椎動物の脳の一部で，筋肉の動き，バランス，協調のコントロールをつかさどっている」．and の並列関係に注目する．muscular movements, balance, and to coordination という名詞の並列に気づけば E の to が不要とわかる．the part of ～「～の一部」，responsible for ～「～をつかさどる」．C の for controlling の controlling は動名詞．
医療単語　cerebellum「小脳」，vertebrate「脊椎動物／脊椎動物の」

(4) 訳は，「植物は，根を使って水と栄養分を吸収し，自らを土中に固定している」．文中に and が2つあるが，1つ目の and は water「水」と nutrients「栄養物」をつないでいる．一方，2つ目の and は absorb「吸収する」と anchor「固定する」をつなぐと考えられるので，B の anchoring が誤り．品

詞の判別がポイント．Aのabsorbの目的語はwaterとnutrients．in the soil「土の中で」．with their roots「根っこで／根っこを使って」のwithは〔道具〕を意味する前置詞．

（5）訳は，「ニューヨークの経済にとって，観光業はコンピュータ産業に匹敵するほど主要な収入源である」．Bが量・程度が同じことを示すas much as ～では意味が通じない．as well as ～「～だけでなく」が適切．industry「産業」，the source of ～「～の源」，revenue「歳入・収入」，for ～「～にとって」

演習問題5 普通 解答時間：**2**分

次の英文の下線部(A)〜(D)において不適切なものを1つ選べ．

(1) Jogging, walking, and (A)go swimming (B)are all excellent ways (C)to improve (D)your health.

(2) (A)A study in Sweden found that (B)mobile phone users were 2.5 times (C)than likely (D)to suffer brain tumors.

(3) There is an Italian restaurant (A)located on (B)the fourth floor that (C)is open for lunch and dinner and (D)close at 10:00 p.m.

(4) Passengers should (A)arrive the airport at least one hour (B)in advance, because (C)airline security procedures (D)take time.

(5) (A)With computer technology, we have (B)many more ways (C)than ever ago to (D)find the information we are seeking.

[近畿大・医学部]

解答
(1) (A)　(2) (C)　(3) (D)　(4) (A)　(5) (C)

解説
(1) 訳は，「ジョギング，ウォーキング，そして水泳に行くことはすべて，健康を改善するすばらしい方法である」．(A)は go swimming でなく，going swimming と動名詞にし，等位接続詞の and の前後に動名詞を3つ並べて

並列モードにするのが正しい．A, B, and C 全体で主語となっている．（B）の are all excellent「（～は）すべて優秀な」の all は主語と同格の代名詞．（C）の to improve は ways を修飾する不定詞の形容詞的用法．

(2) 訳は，「スウェーデンのある調査によると，携帯電話の使用者は，2.5倍多く脳腫瘍にかかりやすいということだ」．次のように，(A is) 2.5 times more (than B)．「(A は B の) 2.5倍多い」という形にするのが正しい．

<u>mobile phone users</u> <u>were</u> <u>2.5 times more likely to suffer</u> <u>brain tumors</u> (than …)．
　　　　S　　　　　　V　　　　　　　　　　　　　　O

than 以下は携帯電話を使っていない人ということが明確なので，省略されている．A study in ～「～における研究」，mobile phone users「携帯電話の使用者」，to suffer の to は be likely to V「V する可能性が高い」の to．
[医療単語]　brain tumors「脳腫瘍」

(3) 訳は，「4階に，ランチとディナーのときは開いていて，午後10時に閉まるイタリアンレストランがある」．(D) の close は動詞だと「～を閉める」なので closed と過去分詞にする．be open「開いている」，be closed「閉まっている」．There is S located ～「S は～に位置している」，the fourth floor「4階」，is open for lunch「ランチのとき開いている」

(4) 訳は，「乗客は少なくとも1時間前には空港に着いているべきです．航空会社のセキュリティチェックに時間がかかるからです」．(A) の arrive は自動詞で，arrive at ～で「～に到着する」なので，at をつけるのが正しい．arrive at ～ = get to ～ = reach．in advance「前もって」，take time「時間を必要とする」

(5) 訳は，「コンピュータ技術のおかげで，われわれは探している情報を見つける方法を以前よりも多くもっている」．(C) の ago は before にするのが正しい．ago は過去形としか使えない．than ever before「以前よりも」．(A) の With computer technology の with は〔道具・手段〕を表す．(B) の many more の many は比較の強調．後ろに可算名詞がくるときは much ではなく many を用いる．(D) の find the information「情報を見つける」は，the information の後ろに関係代名詞の which が省略されている．

演習問題6

次の各英文の下線部の中で誤っているものを，それぞれ1つずつ選びなさい．

(1) On (A)<u>the floor of</u> the Pacific Ocean (B)<u>is</u> hundreds of (C)<u>flat-topped</u> mountains (D)<u>more than</u> a mile beneath sea level.

(2) J. H. Pratt used (A)<u>group therapy</u> (B)<u>early</u> in this century (C)<u>when he</u> brought tuberculosis patients together to discuss (D)<u>its</u> disease.

(3) There (A)<u>used to be</u> (B)<u>a large</u> international organization (C)<u>with</u> offices (D)<u>through</u> the world.

(4) (A)<u>During</u> the 1960's the Berkeley campus of the University of California (B)<u>came to</u> national attention (C)<u>as a result its radical</u> (D)<u>political</u> activity.

(5) The plane seemed (A)<u>to catch fire</u> a few seconds (B)<u>prior</u> (C)<u>to</u> (D)<u>take off</u>.

(6) It is proving less (A)<u>costly</u> and more (B)<u>profitably</u> for drugmakers to (C)<u>market</u> (D)<u>directly</u> to patients.

(7) (A)<u>That</u> water has a high specific heat (B)<u>means</u> that without a very large temperature change water can (C)<u>add or lose</u> a large (D)<u>number</u> of heat.

[近畿大・医学部]

解答

(1) (B)　(2) (D)　(3) (D)　(4) (C)
(5) (D)　(6) (B)　(7) (D)

解説

(1) 訳は，「太平洋の海底には水深1マイルを超えるところに頂上が平らな山が数百もある」．文全体の主語は mountains なので，(B) は is ではなく，are が正しい．On the floor of the Pacific Ocean までは修飾語句で，全体として倒置構造になっていることを見抜くこと．on the floor of ～「～の底に」，flat-topped「頂上が平らな」．more than a mile beneath sea level はこれ全体で場所を表す副詞句．more than ～は「～を超えた」という意味．

(2) 訳は，「J.H. プラットは今世紀の初頭に集団療法を採用したが，そのとき彼は病気について話し合うために結核患者を集めた」．この場合の disease は「結核」であるから，(D) は its ではなく，患者を指す their にするのが正しい形．group therapy「集団療法」．early in this century の early は，「(ある期間の) 早いころに／早い時期に」という意味．例 early in the morning「朝の早い時期に」．(C) の when は関係副詞の when である．直前にコンマを補って，(,) when と考える．医療単語 tuberculosis「結核」

(3) 訳は，「かつては世界中に事務所をもつ大きな国際組織があった」．through the world ではなく，throughout the world「世界中に」が一般的な形なので，(D) が誤り．through は〔通過・貫通〕を表す前置詞．there used to be ～「かつて～があったものだった」，with offices「事務所をもつ」

(4) 訳は，「1960年代にカリフォルニア大学バークレー校は，急進的な政治活動の結果として全国的に注目を集めた」．(C) は as a result its ～ではなく，as a result of its ～が正しい形．as a result of ～「～の結果として」は前置詞．came to national attention「全国的な注目を集めるようになった」

(5) 訳は，「その飛行機は離陸直前に発火したように思えた」．prior to は before と同じ意味の前置詞句なので，(D) は take off ではなく，taking off という動

名詞に変えるのが正しい．catch fire「発火する」

（6）訳は，「製薬会社が患者に直接に薬を販売するとコストがかからず，もうかるということが判明しつつある」．prove 〜「〜と判明する」は補語をとる自動詞．prove less costly and more profitable「より安くなり，よりもうかるとわかる」というように，(B)を costly と同じく形容詞にするのが正しい．market to 〜「〜に売る」

（7）訳は，「水の比熱がとても高いということは，大きな温度差がなくとも水は大量の熱を加えたり奪ったりできるということを意味する」．heat は不可算名詞なので，(D)は a large number of ではなく，a large amount of にするのが正しい．(A)の that は主語を導く接続詞．S mean O は「S は O を意味する」で，(B)の means は第3文型を作る他動詞である．

演習問題7　難　解答時間：3分

次の各文の下線部(A)〜(D)の中に誤りがあればその記号を，誤りがない場合は(E)を記入せよ．

1. You (A)should (B)have had this wisdom tooth (C)pulling out (D)much earlier.

2. We'll (A)have a beautiful Japanese girl (B)cooking (C)for us (D)in this evening.

3. You don't know (A)much (B)about (C)that (D)what I really am.

4. The U.S. rate of (A)violent crimes (B)have been declining or flattening (C)over (D)the last decade.

5. (A)Would you (B)give me (C)a ride to the airport (D)tomorrow morning?

6. Russia (A)may examining (B)the option (C)of (D)building a new nuclear reactor in Bulgaria.

7. We're going to (A)leave (B)town (C)in the morning (D)of December 25.

8. Japan (A)could become an (B)advanced post-industrial society, (C)focusing on global environmental protection and (D)the quality of life.

9. Seventy (A)<u>percents</u> of those (B)<u>questioned</u> cited global warming as a problem (C)<u>that</u> had a direct bearing (D)<u>on</u> their lives.

[東邦大・医学部]

解答
1 (C)　2 (D)　3 (C)　4 (B)　5 (E)
6 (A)　7 (C)　8 (E)　9 (A)

解説
1. 訳は,「君は親知らずをもっと早く抜いてもらうべきだったのに」.(C)の pulling out は pulled out が正しい.〈have O ＋過去分詞〉は「O に〜してもらう」という〔利益〕を表す構文.〈should have ＋過去分詞〉は「〜すべきだったのに」

2. 訳は,「今晩, きれいな日本人の女の子に料理を作ってもらうことになっている」.(D)の in は不要. in the evening「夕方に」とは言うが, in this evening とは言わない.(B)は have a beautiful Japanese girls <u>cook</u>「きれいな日本人の女の子に料理をしてもらう」でも正しいが, have a beautiful Japanese girl cooking「きれいな日本人の女の子に料理をさせておく」でも可. have O V-ing で「O を V させておく」の意味. 例 have the water running「水を出しっぱなしにしておく」

3. 訳は,「私が実際どんな人間であるのか, 君はあまりわかっていない」.(C)の that は不要.(B)の about のあとは名詞節の what I really am がつづく. don't know much about 〜「〜についてあまり知らない」. much は否定文や疑問文で用いられることが多い. what I really am「現在の私/私がどういう人であるか」

4. 訳は,「過去10年間を通してアメリカの凶悪犯罪の発生率は減少, あるいは横ばいとなった」. The U.S. rate of violent crimes が主語なので動詞は単数扱

い．よって(B)の have been を has been に直すのが正しい．over the last decade「過去10年間」の over は〔期間〕を表す前置詞．

5. 訳は，「明日の朝，空港まで送ってもらえませんか？」英文に誤りはない．Would you give me a ride to ～？は「～まで車で送っていただけませんか？」の意味．tomorrow morning「明日の朝」の場合，前置詞（in）は不要なので(D)は正しい．

6. 訳は，「ロシアはブルガリアに新しい原子炉を作るという選択を検討中かもしれない」．may のあとは必ず原形動詞がくるので，(A)を may be examining ～「～を検討中かもしれない」とするのが正しい．the option of building ～「～を建設するという選択肢」の building は動名詞．

7. 訳は，「私たちは12月25日の朝に町を出るつもりだ」．「12月25日の朝に」は特定の日の朝なので，(C)を on に変えて，on the morning of December 25 とするのが正しい．leave town「町を出る」

8. 訳は，「日本は世界的な環境保護や生活の質に焦点をあてる，進歩したポスト産業社会になる可能性がある」．英文に誤りはない．could become ～「～になる可能性がある」，advanced「進歩した／前進した」，focusing on ～「～に焦点をあてながら」，the quality of ～「～の品質」

9. 訳は，「質問された人々の70パーセントが，地球温暖化を彼らの生活に直接関係のある問題として引用した」．(A)の percents を percent に直すのが正しい．「～の70パーセント」は，〈Seventy percent of ＋可算名詞／不可算名詞〉．those questioned「質問を受けた人々」，cite A as B「A を B として引用する」．a problem that had a direct bearing on ～「～に直接関係のある問題」の that は，関係代名詞の主格の that．

演習問題8

難　解答時間：**3分**

次の各文の下線部（A）〜（D）の中に誤りがあればその記号を，誤りがない場合は（E）を選べ．

1. You (A)can give this book (B)to (C)no matter who (D)wants to read it.

2. He (A)told me that he couldn't stand (B)them looking down (C)on him (D)any longer.

3. (A)It was not until I (B)went abroad that I realized (C)that how little I knew (D)about Japan.

4. "Do you know (A)what he (B)is going to do after he (C)will graduate (D)from college?" "No, I don't."

5. "You haven't read *War and Peace* (A)by Tolstoy, (B)have you?" "(C)Yes, I haven't, but I've (D)seen the film version of it."

6. "(A)I'd forgotten my umbrella (B)on the train again! (C)I'll have to buy (D)one."

7. Nowadays the price of tomatoes (A)is so (B)expensively (C)that my wife (D)rarely buys them.

8. "Do you know (A)where the capital (B)of France is?" "Yes, (C)it's Paris. (D)I've visited it once."

Part2．"医学部に出る" 誤文・誤謬指摘問題　123

9. "Your eyes are red. It (A)would be better (B)to have them (C)examined as soon as (D)possible."

［東邦大・医学部］

解答
1　(C)　　2　(E)　　3　(C)　　4　(C)　　5　(C)
6　(A)　　7　(B)　　8　(A)　　9　(E)

解説
1. 訳は，「それを読みたいと思っている人なら誰にでも，この本を与えることができる」．(C)の no matter who ～「たとえ誰が～しようとも」は副詞節を作るので，ここでは名詞節の whoever ～を用いるのが正しい．whoever wants to read it「それを読みたい人は誰でも」
2. 訳は，「彼は私に，彼らが自分のことをもうこれ以上見下すのは我慢できないと言った」．英文に誤りはない．told me that ～「～のことを私に言った」．couldn't stand them looking down on ～「～のことを彼らが見下すのを我慢できなかった」の them は動名詞の意味上の主語．not ～ any longer で「もはや～ない」
3. 訳は，「海外に行って初めて，私は日本のことをどれほど知らないのか気づいた」．how は名詞節を導く接続詞の役割を果たすので，(C)の that は不要．It was not until ～ that … 「～して初めて…した」
4. 訳は，「大学を卒業したら彼が何をやるのか知っていますか?」「いいえ，わかりません」．(C)の will graduate を graduates にするのが正しい．after 以下は，〔時〕を表す副詞節なので未来のことを現在形で言い表す．what 以下は，間接疑問文なのでＳＶの語順になる．
5. 訳は，「トルストイによって書かれた『戦争と平和』を読んだことないよね」「はい，読んだことありませんが映画版を見たことはあります」．(C)の Yes を No に変え

124

るのが正しい．後ろに否定文の場合は No，後ろの文が肯定文なら Yes を使うこと．You haven't read 〜 by …, have you?「…によって書かれた〜を読んだことはないですよね」は付加疑問文で，相手に念を押す表現．「はい」なら No で，「いいえ」なら Yes で応答する疑問文．

6. 訳は，「また電車に傘を忘れてしまった！1本買わなければ」．現在を基準に忘れた経緯を話しているので，(A)は過去完了 had forgotten ではなく現在完了形 have forgotten を用いるべき．文末の one は，an umbrella を表す代名詞．

7. 訳は，「最近ではトマトの値段はあまりにも高くて，私の妻はめったにそれらを購入しません」．price が「高い」場合は，expensive でも，(B)の expensively でもなく，high を使うのが正解．金額を表す単語には high「高い」または low「安い」を，ものを表す単語には expensive「高い」または cheap「安い」を用いる．

8. 訳は，「フランスの首都はどこか知っていますか？」「はい，パリです．一度訪問したことがあります」．where は疑問副詞だが，is の補語になるのは疑問代名詞なので(A)は what が正しい．Do you know what the capital of 〜 is? で「〜の首都はどこですか？」となる．また，その受け答えも it を使っていることに注意．

9. 訳は，「君の目は赤いよ．できる限り早くそれらを診てもらったほうがいいでしょう」．誤りはない．It would be better to V「V したほうがいいでしょう」，have O examined「O を診てもらう」，as soon as possible「できる限り早く」

Part2. "医学部に出る"誤文・誤謬指摘問題　125

演習問題9　難　解答時間：4分

次の各文の下線部(A)〜(D)の中に誤りがあればその記号を，誤りがない場合は(E)を選べ．

1. There were (A)some problems (B)at first but they (C)seem (D)to have solved.

2. It is demanded (A)that (B)all the results (C)are made (D)public.

3. We are (A)all looking forward (B)for (C)John's (D)coming home.

4. (A)Let's go out now. (B)It (C)doesn't rain (D)anymore.

5. It is silly (A)of Mary (B)to give up (C)her job (D)when she needs money.

6. I enjoy my life here. (A)I have (B)few friends (C)and we meet (D)quite often.

7. Ann's clothes (A)are covered (B)in paint. She (C)has painted (D)the ceiling.

8. "(A)Do you go to the cinema (B)very often?" "(C)Not now, but I (D)was used to."

9. I'm tired. (A)I'd rather not (B)to go out this evening, if you (C)don't (D)mind.

126

10. (A)When they (B)don't come (C)soon, (D)I'm not going to wait.

11. Tom walked (A)straight (B)into a wall. He (C)couldn't look (D)where he was going.

12. Jack is a great talker. (A)But it's about time he (B)does (C)something instead of (D)just talking.

［東邦大・医学部］

解答

1 (D)　2 (C)　3 (B)　4 (C)　5 (E)　6 (B)
7 (B)　8 (D)　9 (B)　10 (E)　11 (C)　12 (B)

解説

1. 訳は、「最初問題がいくつかあったが、しかしそれらは解決したようだ」。主語の they は、some problems を指すので、(D)は to have been solved というように受身にしなければならない。

2. 訳は、「すべての結果が公になることが必要不可欠だ」。It is demanded that ～「～することは必要だ」の that 節は、《(should)＋原形動詞》にするのが原則。よって(C)は (should) be made とすべき。

3. 訳は、「私たちはみんな、ジョンが家に帰るのを楽しみにしている」。look forward to ～で「～を楽しみにしている」なので、(B)の for は to にするのが正しい。

4. 訳は、「今だ、出かけよう。もう雨は降っていないから」。「今」という動作の途中を表す現在進行形を使う必要があるので、(C)は isn't raining とすべきである。

5. 訳は、「お金を必要とするときに仕事を辞めるなんて、メアリーはばかげていま

すね」．英文に誤りはない．〈It is ＋人の性格＋ of ＋人＋ to V〉で「〔人〕がVするなんて〔人の性格〕ですね」となる．

6. 訳は，「ここでの人生を楽しんでいます．友人が2，3人いて頻繁に会います」．楽しんで人生を送っているのだから，(B) の few friends ではおかしい．a few friends, あるいは many friends などとするのが正しい．

7. 訳は，「アンの服装はペンキで覆われています．彼女は天井をペンキで塗っていましたから」．be covered with ～で「～で覆われている」なので，(B) の in paint は with paint にすべきである．

8. 訳は，「頻繁に映画に行きますか？」「今はそうではありませんが，昔はよく行ったものでした」．used to V で「かつてよく V したものだった」という意味なので，(D) の was は不要．be used to ～は「～に慣れている」という意味．

9. 訳は，「疲れています．できれば今晩，出かけたくありません」．rather not V「むしろ V したくない」なので，(B) の to は不要．

10. 訳は，「すぐに来なければ，私は待つつもりはない」．誤りなし．when 節「～するとき」は未来を表す副詞節なので，動詞は現在形でよい．

11. 訳は，「トムは壁までまっすぐに歩いた．彼は自分がどこに向かっているのかわからなかった」．(C) の look を see に変えるのが正しい．see には「わかる／理解する」という意味がある．

12. 訳は，「ジャックは偉大な話し手です．しかし，彼は話をする代わりに何かをやるべきときです」．(B) の does を did に変えるのが正しい．〈it's about time S ＋過去形〉で「そろそろ～してもよい時間だ」という意味になる．

演習問題10　やや難　解答時間：4分

次の各文の下線部（A）〜（D）の中に誤りがあればその記号を，誤りがない場合は（E）を選べ．

1. When (A)choosing a career, you have to look at a number of factors. You should look for (B)it which is interesting to you and (C)which will be of interest to you (D)in twenty years.

2. I (A)received a postcard from Fred this morning. He (B)is on holiday. He (C)says he (D)has a wonderful time.

3. (A)Don't say anything while Ian (B)is here. (C)Wait until he (D)will have gone.

4. I wish I (A)knew (B)that Gary (C)was ill. I (D)would have gone to see him.

5. "(A)Shall we go by train?" "(B)Well, I (C)would prefer (D)to go by car."

6. I (A)had to buy (B)some breads because I wanted to (C)make (D)some sandwiches.

7. "Sing a song." "(A)Which song (B)shall I sing ?" "(C)Any song. I (D)don't mind."

8. Yesterday we (A)visited the City Museum, (B)that I (C)had never been (D)to before.

［東邦大・医学部］

解答
1　(B)　　2　(E)　　3　(D)　　4　(A)
5　(E)　　6　(B)　　7　(A)　　8　(B)

解説
1. 訳は，「職業を選択するときは，たくさんの要素を検討しなければならない．今のあなたにとって興味深いものや，20年後のあなたにとって興味深くなるだろうものを探すべきだ」．When V-ing「Vするときに」．in twenty years「今から20年後」の in は「今を起点として今から20年たつと」というように〔所要時間〕を表す．it は関係代名詞の which の先行詞にはなれないので，(B)は that とし，that which ～（＝ what ～）「～するもの」とすべき．
2. 訳は，「今朝フレッドからポストカードを受けとりました．彼は休暇中です．彼は楽しい時間を過ごしているらしい」．手紙を受けとったのは過去で，楽しく過ごしているのは現在．誤りなし．
3. 訳は，「イアンがここにいる間は何も言うな．彼が去るまで待ちなさい」．命令文で始まる文は，未来形と同じと考える．until「～まで」は〔時〕を表す副詞節なので，未来の意味でも現在形や現在完了形で言い表す．したがって(D)の will have gone は has gone が正しい．
4. 訳は，「ゲーリーが病気だったと知っていたらなあ．彼に会いに行ったのに」．過去を振り返って後悔している様子を表す文．過去の時点における空想・仮想なので仮定法過去完了を用い，(A)の knew を had known にするのが正しい．
5. 訳は，「電車で行きましょうか？」「そうですね，私は車で行きたいです」．Shall we V? は「Vしましょうか？」の意味．Well「そうですね」は時間稼ぎのため

130

の間投詞．would prefer to V「むしろ V したい」．誤りはない．

6. 訳は，「サンドウィッチを作りたいので，少しパンを購入しなければならなかった」．bread は不可算名詞なので s はつけられない．よって (B) の some breads は some bread にすべき．

7. 訳は，「歌を歌ってよ」「どんな歌を歌おうか?」「どんな歌でもいいよ．気にしないから」．(A) の which は，たとえば「3曲の中でどれ?」という場合に用いられる．選択肢が具体的に与えられていないときには what を使うのが正しい．

8. 訳は，「昨日，シティミュージアムを訪問しました．以前私はそこに行ったことがありませんでした」．関係代名詞 that の前にコンマは不適切．that に非制限用法はない．よって，(B) は which を用いるのが正しい．この which は (D) の to の目的語になる．

Part 3 医学部に出る ことわざ・格言の問題

出題傾向の POINT

出題予想「ことわざ・格言」126選

1 **A bird in the hand is worth two in the bush.**
【明日の百より今日の五十】

明日手に入るかもしれない不確実なことより，今日少しでも確実に手にできるもののほうがよいという喩え．英語の直訳は「手の中の1羽は，藪の中の2羽の価値がある」．Fifty today is better than one hundred tomorrow. と直訳しても通じない．

類句 An egg today is better than a hen tomorrow.
「明日の雌鳥1羽より，今日の卵1個のほうがよい」
Better a bird in the hand than ten in the air.
「空にいる10羽の鳥よりも，手の中の1羽のほうが価値がある」

2 **Bad money drives out good (money).**
【悪貨は良貨を駆逐する】

質の悪いものが質の良いものを圧倒したり，締め出したりすること．悪い人に交わると良い人までも悪くなるという意．この表現は，16世紀のイギリスの財政家グレシャムによる「グレシャムの法則」として有名．

3 **Between two stools you fall to the ground.**
【虻蜂とらず】

2つのものを同時に手に入れようとしたり，2つのことを同時に行おうとしたりして，結局どちらもうまくいかないことの喩え．英語の直訳は「2つの椅子の間で地面（床）に落ちる」

類句 He that hunts two hares loses both.
「二兎を追う者は一兎をも得ず」

4　After the rain comes fair weather.
【雨降って地固まる】

雨が降ったあとのほうが土が堅くしまるように，物事が紛糾したあとは以前よりも良い状態になるということ．

類句 After the storm comes the calm.
「嵐のあとにはなぎが来る」

A broken bone is the stronger when it is well set.
「折れた骨は，うまくつなげばそれだけ丈夫になる」

5　It is easier to do something than to worry about it.
【案ずるより生むが易し】

1人でくよくよ心配するより，思いつきで行動に移せば，案外，簡単にできることがあるということ．英語の直訳は「やってみると，思ったより易しいことがよくある」

類句 You never know what you can do till you try.
「やってみなければ自分の力はわからない」

6　Easier said than done.
【言うは易く，行うは難し】

口で立派なことを言うのは簡単だが，いざ実行するとなると，口で言うほど容易ではないという教え．It's easier to be said than to be done. がもとの表現．

類句 Who will bell the cat?
「誰が猫の首に鈴をつけるか」

⇨ この問答で行きづまった話からきている．bell the cat は「進んで難局にあたる」という成句．

Saying is one thing and doing another.
「言うことと行うことは別」

7 Perseverance will always win in the end.
【石の上にも三年】

つらくても根気よく辛抱すれば必ず成功するという教え．**「果報は寝て待て」**とほぼ同じ意味．英語の直訳は「最後にはいつも忍耐が勝つ」．perseverance は「（困難に負けない）忍耐／根気強さ」という意．

類句 Perseverance conquers all!
「忍耐はすべてに勝つ」

8 Look before you leap.
【石橋を叩いて渡る】

行動を起こすには，慎重に，かつ用心して行うべきであるという戒め．**「転ばぬ先の杖」「念には念を入れよ」**もほぼ同じ意味．直訳は「跳ぶ前に見よ」．反対句には，He who hesitates is lost.「躊躇する者は失敗する」がある．Look before you leap のあとは，for snakes among the bright flowers creep「美しい花には蛇が潜んでいるので」とつづくが，一般には Look before you leap. のみが使われる．

類句 Listen twice before you speak once.
「二度聞いてから一度言え」

Second thoughts are best.
「2番目の考えが最善なり」

参考　He is an extremely cautious man.
「彼は石橋を叩いて渡るような男だ」

9 Well-fed, well-bred.
【衣食足りて礼節を知る】

経済的に心配のない生活ができるようになって初めて，礼節をわきまえ，恥を知るようになるという意．直訳は「栄養を十分に与えられた人は育ちの良い人」

類句　Money and good manners make the gentleman.
「金と良い作法が紳士を作る」
Clothes make the man.
「衣服が人を作る」

10 Make haste slowly.
【急がば回れ】

急いでいるときには，時間がかかるようでも，確実な手段をとったほうが結局は早いという意．英語の直訳は「ゆっくり急げ」

類句　Slow and steady wins the race.
「ゆっくりと着実なのがレースに勝つ」
More haste, less speed.
「急いては事をし損じる」

参考　The farthest way round is the nearest way home.
「一番遠い回り道が一番近い帰り道である」

11 False with one can be false with two.
【一事が万事】

1つの事柄を見れば，他のすべての事柄を推量できるという意．些細なことから推察して，万事が同じだと判断するときに使われる．英

Part3．"医学部に出る"ことわざ・格言の問題　　135

語の直訳は「1つのことについて偽る人は，2つのことについても偽る」．日本語の「一事」と「万事」に対して，英語では「1つのこと」と「2つのこと」と表現されている．

参考 He always does everything that way.
「あいつはいつも一事が万事あんな調子だ」

12 Look on both sides of the shield.
【一枚の紙にも表裏あり】

物事は，表ばかりでなく裏もよく見て対処することが重要であるということ．直訳は「盾の両面を見よ」．「一見簡単に見えるものにも，複雑な部分が隠されている」と解釈するとわかりやすい．both sides of the shield は，比喩的に「物事の裏表」．

類句 There are two sides to every story.
「すべての話には2つの面がある」

➡ story の代わりに question が使われることもある．

13 Nothing is more precious than time.
【一寸の光陰軽んずべからず】

たとえわずかな時間でも，むだにすることなく，勉学に励むべきであるという戒め．直訳は「時間ほど貴重なものはない」．nothing を使った表現には，Nothing costs so much as what is given us.「ただより高いものはない」，Nothing ventured, nothing gained.「虎穴に入らずんば，虎子を得ず」などのことわざがある．

類句 If you waste your time, you cannot get money.
「時をむだにすれば，金を得ることができない」

Time is precious; Nothing is as precious as time.
「時は金なり；時間より大切なものはない」

14 Even a worm will turn.
【一寸の虫にも五分の魂】

小さくて弱い者や貧しい者でも，それ相当の意地や根性があるので，決してあなどってはならないという戒め．英語の直訳は「虫けらも向きなおる」であるが，「虫でも，踏みつければ向かってくる」と解釈するとわかりやすい．

類句 Tread on a worm and it will turn.
「虫でも，踏みつければ向かってくる」
⇨ 気の弱いおとなしい人でも，堪忍袋の緒が切れることがあるという喩え．

15 Every dog has his day.
【犬も歩けば棒にあたる】

積極的に行動すると損な目にあうので，じっとしていたほうがよいという戒めであるが，とり柄のない人間でも，積極的に行動すれば思いがけない幸運に巡りあえる，という解釈もある．直訳は「犬にも得意の日がある」．one's day は「人生のよいとき」という意．ただし，「犬」に関する英語の表現にはマイナスイメージのものが多い．たとえば，a lazy dog「怠け者」，die a dog's death「惨めな死に方をする」，a dirty dog「ひどい野郎」など．

類句 Expect the unexpected.
「予期せぬことが起こると思え」

16 The end justifies the means.
【嘘も方便】

嘘をつくことは悪いことだが，事柄を円滑に運ぶためには許されるときもあるという意．英語の直訳は「目的は手段を正当化する」．この英語表現に「嘘」（lie）という語は使われていないが，英語の lie

は日本語の「嘘」とは比べものにならないほど露骨に相手の人格を否定する強い語なので，使用には注意が必要．「嘘でしょ!」は You must be kidding. とか Are you sure of that? と言う．lie を使った表現には，white lie「罪のない嘘」，black lie「悪意の嘘」，flat lie「真っ赤な嘘」などがある．

類句 He that cannot dissemble knows not how to live.
「偽ることを知らぬ者は，生きることを知らぬ」

17 A wonder lasts but nine days.
【(人の)うわさも七十五日】

世間のうわさは一時的で長くはつづかず，時がたつにつれて自然に忘れられるという意．直訳は「不思議なことも9日間だけ」．Nine days' wonder. とも言う．数字の「9」は，日本では嫌われるが，英語ではよく使われ，「多く」という意で用いられることが多い．A cat has nine lives.**「猫に九生あり」**など．

類句 A rumor will easily be forgotten.
「うわさは簡単に忘れられる」

A rumor will last only 75 days.
「人のうわさも七十五日」

➡ この表現は，日本語からの英語訳．

18 Talk of the devil.
【うわさをすれば影】

その場にいない人のうわさをしていると，たまたまその本人がひょっこり現れることがあるという意．Talk of the devil, and he is sure to appear. がもとの表現．talk の代わりに speak を使うこともある．英語で「悪魔」(devil) がよく使われるのは，欧米では呪文とともに「悪魔」の話をすると本当に悪魔が現れると信じられているから．

類句 Sooner named sooner come.
「名前を言うが早いか，来るが早いか」
参考 Speak of the devil! Here she comes.
「うわさをすれば影，彼女が来たぞ！」

19 One catches the hare and another eats it.
【縁の下の力持ち】
人の目につかないところで他人のために努力し，その功績が人に知られないこと．また，そういうことをする人．直訳は「1人はウサギを捕らえ，他の人はそれを食べる」．「表に現れない働きをしている人を思い起こせ」という意を表すときに使われる．

参考 That man has been an unsung hero in this business.
「あの人はこの事業の縁の下の力持ちなんだよ」

⇨ an unsung hero [heroine] は「（詩歌で）讃えられなかった英雄」という意．

20 (to) drink of the same cup
【同じ釜の飯を食う】
寝起きや食事をともにし，かつ，ともに苦楽を分かち合った親しい仲間関係のことを言う．日本語では「釜」を，英語では cup「カップ」を使う．

類句 (to) share many things
「多くのことを共有する」

(to) live under the same roof
「同じ屋根の下に暮らす」

用例 He and I have shared many things.
「あいつとは同じ釜の飯を食った仲だ」

Part3. "医学部に出る" ことわざ・格言の問題

21 That makes it doubly sure.
【鬼に金棒】

ある程度は確実であるが，さらに有力者の支持や推薦を得て万全を期すという意．英語の直訳は「そのおかげで，確かさが倍になる」

類句 (to) take full advantage of it
「最大限に利用する」

用例 If you learn English from this reference book, you are taking full advantage of it.
「この参考書で英語を勉強すれば，鬼に金棒だよ」

22 When the cat is away, the mice will play.
【鬼の居ぬ間に洗濯】

主人や上役がいない隙に，仕事の手を休めて好き放題をするという喩え．直訳は「猫がいないときはネズミは遊び回る」．away と play が韻を踏んでいる．日本語の「洗濯」を，英語では「遊び回る」で表現する点に注意．他に「猫」と「ネズミ」が出てくることわざには，Can a mouse fall in love with a cat?「ネズミと猫が恋をすることがあろうか（あるわけはない）」がある．

類句 The mouse goes abroad where the cat is not lord.
「猫が領主でない国ではネズミも外出する」

23 A drowning man will clutch [grasp] at a straw.
【溺れる者は藁をもつかむ】

人は危急のときには，手段を選ばず，何の頼りにもならないものにでも必死にすがろうとするという喩え．かつて，clutch の代わりに catch が使われた．

参考 He's desperate. He'll take anything.
「彼は絶望的だ．何でも受けとるぞ」

24 All's well that ends well.
【終わり良ければすべて良し】

物事はその仕上がりによって判断すべきであるという意．直訳は「最後がうまくいけば，全部がうまくいく」．困難な仕事などがうまくできたときに使われる．

25 Breed a crow and she will peck out your eyes.
【飼い犬に手を噛まれる】

日ごろから面倒を見てやっていて信用していた者から，思いがけず裏切られ，被害を受けること．直訳は「カラスを育てると，育てた人の目をつつく」

類句 Don't bite the hand that feeds you.
「飼い主の手を噛むな」
➡ 転じて，「恩を仇で返すな」という意味になる．
The mad dog bites his master.
「狂犬は飼い主に噛みつく」

参考 He was betrayed by his friend. It was as if he was bitten by his own dog.
「彼は親友に裏切られた．飼い犬に手を噛まれたようなものだ」

26 Like mother, like daughter.
【蛙の子は蛙】

何事も子は親に似るものだ．また，凡人の子は，やはり凡人になるということの喩え．英語の直訳は「娘は母親に似る」**「この親にしてこの子あり」**．子どもが親に似ることを意味することわざの1つ．

類句 Like father, like son.
「父も父なら，せがれもせがれ」

Part3. "医学部に出る"ことわざ・格言の問題　　141

27 There is no royal road to learning.
【学問に王道なし】

学問に近道はないので,努力する必要があるということ.古代ギリシャの数学者ユークリッドの言葉で,もともとは「幾何学には王道なし」であった.ここでの「王道」は,王侯の旅行のために整備された「楽な道／楽しい道」を意味した.

類句 There is no easy street to learning.
「学びに簡単な道はない」

28 It's an ill wind that blows nobody good.
【風が吹けば桶屋がもうかる】

物事は,あることが原因で,意外なところに影響を及ぼすことがあるという喩え.**「大風が吹けば桶屋が喜ぶ」**とも言う.

類句 Life is like a box of chocolates, you never know what you're gonna get!
「人生はチョコレートの箱のようなものだ.包装は立派でも中身はわからない」

➡ 転じて,「人生には意外なことが起こる」という意味になる.

29 (to) run risks for someone
【火中の栗を拾う】

あえて危険なことに手を出して災いを招くこと.また,他人の利益のために危険を冒すこと.英語の直訳は「他人のために危険を冒す」

類句 (to) take risks for someone
「誰かのために危険を冒す」

用例 My mother always takes risks for others.
「母はいつも火中の栗を拾っている」

30 Might is right.
【勝てば官軍（負ければ賊軍）】

本来，勝負と善悪は関係ないが，戦いに勝った者はすべて正しいとされ，負けた者はすべて悪いとされること．英語の直訳は「力は正義なり」．might と right が韻を踏んでいる．この表現は，日本語の**「無理が通れば道理が引っ込む」**に相当する．might は「（肉体的・精神的に大きな）力」という意．

類句 Might makes right.
　　　「力は正義なり」

31 Spare the rod and spoil the child.
【かわいい子には旅をさせよ】

子どもの将来のことを思うなら，近くに置いて甘やかさず，親元から離して苦労を味わわせるべきであるという教え．直訳は「鞭を惜しむと，その子はだめになる」，つまり「子どもを甘やかすと，ろくな者にはならない」という戒め．spare と spoil が韻を踏んでいる．spoil は「（子どもなどを）甘やかす／増長させる」，a spoiled child は「わがままな子／わがままに育てられた子ども」という意．

類句 If you love your child, let him learn by experience.
　　　「子どもがかわいいなら，経験から学ばせよ」

32 (to) give the cold shoulder
【木で鼻をくくる】

ひどく無愛想で，しらじらしい対応をすること．直訳は「素っ気ない態度を示す」．(to) give blunt answers と言うと，「ぶっきらぼうな表現をする」という意になる．curt「ぶっきらぼうな」, brusque「つっけんどんな」

参考 The store clerk gave blunt answers.
「その店員は木で鼻をくくったような応答をした」
Her reply is always curt.
「彼女の返事はいつも木で鼻をくくったようだ」

33 Yesterday's enemy is now today's friend.
【昨日の敵は今日の友】

人の考え方や態度は変わりやすく，頼りにならないものであるということの喩え．このことわざの反対句**「昨日の友は今日の敵」**としては，Kind today, cross tomorrow.「今日は親切，明日は意地悪」がある．

34 I today, you tomorrow.
【昨日は人の身，今日はわが身】

他人のことだと思っていた不幸や災難は，いつ自分の上に降りかかるかわからないということの喩え．英語の直訳は「今日は僕，明日は君」，つまり「今日は相手を笑っていられるが，明日はその人に自分が笑われることになるかもしれない」という意．

類句 What chances to one man may happen to all.
= If it happened to one man, it could happen to anyone.
「1人の人間に起こることは，誰にでも起こりうる」

35 The darkest hour is that before the dawn.
【窮すれば通ず】

絶体絶命の状態に追い込まれると，意外に解決の道が見えてきて何とかなるものだという意．英語の直訳は「最も暗い時間は夜明け前である」．dawn は，from dawn to dark「夜明けから日暮れまで」，The dawn is breaking.「新しい時代が始まろうとしている」とい

うように使う．

類句 When things are at their worst they will mend.
「物事は，最悪の状態に陥ると，好転するものである」
Necessity is the mother of invention.
「必要は発明の母である」

36 A stitch in time saves nine.
【今日の一針，明日の十針】

衣服にほころびがあっても，すぐ縫えば1針ですむが，放っておくと10針も縫わなければならなくなるという教え．上の英語の直訳は「時を得た1針は9針の手間を省く」．日本語のことわざ **「聞くは一時の恥，聞かぬは末代（一生）の恥」**（Ask much, know much.）に意味が似ている．

37 You cannot see the forest for the trees.
【木を見て森を見ず】

物事の細部にばかり気をとられて，大局的な判断をしようとしないこと．英語の直訳は「木のために森を見ることができない」．forestの代わりにwoodも使われる．

38 Out of the mouth comes evil.
【口は禍の門】

うっかり言ったことが，あとで災難を招くもとになることがあるので，言葉は慎むべきであるという戒め．

類句 Least said, soonest mended.
「言葉少なければ，たたり少なし」
The worst fever is that of the tongue.
「最悪の熱病は舌の熱病である」

39 People turn to religion in times of distress.
【苦しいときの神頼み】

日ごろ不信心な者が，苦しいときや困ったときにのみ神や仏に助けを願うこと．**「喉元過ぎれば，熱さを忘れる」**とほぼ同じ意味．英語の直訳は「人は困ると宗教に頼る」

類句 Danger past, God forgotten.
「危険が過ぎ去ると神のことは忘れてしまう」

40 They get along like cats and dogs.
【犬猿の仲】

顔を合わせると必ずいがみ合い，非常に仲の悪いこと．英語の直訳は「彼らは猫と犬のように仲がよい」．この表現は，反語として，「とても仲が悪い」という意で使われる．dog「犬」と cat「猫」を使った表現には，fight like cat and dog「激しく戦う／口論する」，It rains cats and dogs.「どしゃ降りだ」などがある．

類句 They are like oil and water.
「彼らは水と油のようだ」

41 A sound mind in a sound body.
【健全なる精神は健全なる身体に宿る】

精神と肉体は一体であり，健全な身体に健全な精神があるように祈るべきであるという意．sound は「健全な」という意の他に，「睡眠が深い」という意もあり，She fell sound asleep.「彼女はぐっすり眠り込んだ」のように使われる．

42 Time flies.
【光陰矢の如し】

月日のたつのがきわめて早いこと．**「歳月人を待たず」**と同じ意味．

英語の直訳は「時は飛ぶ」であるが，「時間はあっという間に過ぎ去る」という意．Time flies のあとに like an arrow とつづけるのは日本語からの直訳で，実際には使われない．会話では，How time flies! と言うことが多い．

類句 Time waits for no man.
「時は誰も待たない」
Time has wings.
「時には翼がある」

43 Make hay while the sun shines.
【好機逸すべからず】

せっかく得たチャンスは，とり逃がさず，極力生かすように努めるべきであるということ．直訳は「干し草は日の照っているうちに作れ」

類句 Strike while the iron is hot.
「鉄は熱いうちに打て」
It is too late to grieve when the chance is past.
「好機が去ってから嘆くのでは遅すぎる」

44 When in Rome, do as the Romans do.
【郷に入っては郷に従え】

他の土地へ行ったら，その土地の風俗・習慣に従うべきである，つまり環境に順応すべきであるという教え．直訳は「ローマへ行ったらローマの人々がするようにせよ」．Rome を使ったことわざには他に，All roads lead to Rome.**「すべての道はローマに通ず」**などがある．

類句 Every country has its laws [fashion].
「どんな国にもそれぞれの法［流儀］がある」

45 A bad workman always blames his tools.
【弘法筆を選ばず】

名人は道具の良し悪しを問題にせず，仕事の出来・不出来は腕前によるということ．直訳は「下手な職人は道具に難癖をつける」．このことわざの反対句として，A good workman never blames his tools.「よい職人は決して道具に難癖をつけない」がある．

46 Even Homer sometimes nods.
【弘法（にも筆の誤り】

その道の達人でもときには失敗することがあるという喩え．直訳は「ホメロスもこっくりすることがある」．Homer「ホメロス」は紀元前8世紀ごろのギリシャの詩人．

> 類句 The best cart may overthrow.
> 「最良の馬車でもひっくり返ることがある」

47 The cobbler's wife goes the worst shod.
【紺屋の白袴】

他人のことに忙しくて，自分のことに手が回らないという意．「紺屋」は「こうや／こんや」と読む．**「医者の不養生」**とほぼ同じ意味．直訳は「靴直しの女房は世間で一番ひどい靴を履いている」．shod は「靴」を意味する古語．

> 類句 The dyer's clothes remain undyed, and the shoemaker goes ill-shod.
> 「染物師は自分の服を染めず，靴屋は悪い靴を履いている」

48 Time and tide wait for no man.
【歳月人を待たず】

年月は人の都合とは関係なく刻々と過ぎていくので，現在の時を大切にして努力を怠るなという教え．直訳は「時と潮は人を待たず」．time と tide とはほぼ同義で，韻を踏んでいる．

類句 Time flies.
「光陰矢の如し」

49 Out of sight, out of mind.
【去る者は日日に疎し】

親しい者同士でも，遠く離れていると疎遠になるという意．直訳は「見えなければ，気にならない」．日本語のことわざは「人間」のみに使われ，英語の場合は「物」にも使われる．

類句 Long absent, soon forgotten.
「長く不在にすれば，すぐに忘れられる」

50 Two heads are better than one.
【三人寄れば文殊の知恵】

特別に頭のよい者でなくとも，3人も集まって相談すれば，よい知恵が浮かぶものであるという意．英語の直訳は「2つの頭（脳）は1つの頭に勝る」．この head は「人／知恵」を意味し，「1人で考えるより2人のほうがよい」という意．

類句 Two eyes can see more than one.
「2つの目のほうが1つの目より多くのものが見える」

51 Failure teaches success.
【失敗は成功の母】

失敗しても原因を明らかにし，方法を改善すれば，必ず成功するということ．「失敗は成功のもと」とも言う．

類句 Failure is a stepping stone to success.
「失敗は成功への足がかり」

He that never did one thing ill can never do it well.
「失敗した経験のない者が成功することはない」

52 Art is long, life is short.
【少年老い易く学成り難し】

年月のたつのはきわめて早いので，若いときから時間をむだにしないで，学問に励むべきであるという戒め．古代ギリシャの医聖ヒポクラテス（460?〜377B.C.）の「技芸は長く人生は短い」という言葉から．

類句 The day is short, and the work is much.
「1日は短く仕事は多い」

53 Ignorance is bliss.
【知らぬが仏】

事情を知れば腹の立つことでも，知らなければ平静な気持ちでいられるという意．また，みなにばかにされているのに，当の本人だけが知らずに平気でいるさまについても言う．直訳は「無知は至福」

類句 He that knows nothing doubts nothing.
「何も知らない者は何も疑わない」

54 What one likes, one does well.
【好きこそ物の上手（なれ）】

誰でも好きなことは懸命に行うから，上達もするという意．英語の直訳は「好きなことは，上手になる」

類句 Who likes not his business, his business likes not him.
「自分の商売を好まない者は，商売のほうもその人を好まない」

55 What is learned in the cradle is carried to the grave.
【雀百まで踊り忘れず】

若いときからの習慣は年老いても改まらないということの喩え．この日本語には，「（浮気など）生来の悪い癖は一生直らない」というニュアンスが含まれている．英語の直訳は「揺りかごで覚えたことは墓場まで忘れない」．grave の代わりに tomb も使われる．

56 When one door shuts, another opens.
【捨てる神あれば拾う神あり】

世の中には，見放して相手にしてくれない人もいれば，逆に救いの手を差し伸べてくれる人もいるという意．英語の直訳は「一方の扉が閉じれば，他方の扉が開く」

類句 Some gods may let you down, but others will pick you up.
「ある人には相手にされなくとも，相手にしてくれる人が必ずいるものだ」

57 All roads lead to Rome.
【すべての道はローマに通ず】

どのような手段・方法をとっても，行き着く真理は1つである，ということ．直訳は「すべての道はローマに通ず」で，「方法は異なっても結果は同じ」という意．

58 To every bird his own nest is best.
【住めば都】

どんな田舎でも，住み慣れれば愛着がわき，都（楽しく暮らしやすい場所という意）のように住みやすくなるということ．直訳は「どの鳥にも自分の巣が一番いい」

類句 Wherever you live will be the best place for you.
「住む場所ならどこだって，君にとって最高の場所になるさ」
There's no place like home.
「家に勝るようなところはない」

59 Where there is a will, there is a way.
【精神一到何事か成らざらん】

心を一点に集中して行えば，いかに難しいと思えることでもできないことはないという教え．英語の直訳は「意志のあるところに道がある」．there is を there's と短縮することが多い．

類句 Nothing is impossible to a willing heart.
「意欲的な人にとっては，何事も不可能ではない」

60 More haste, less speed.
【急いては事をし損じる】

何事もあせってやると失敗するので，気がはやるときほど冷静に考えて行動するべきであるという戒め．**「急がば回れ」**とほぼ同じ意味．この speed は「成功」を意味する古語．

類句 Haste makes waste.
「あわてるとむだを生ずる」
Do nothing hastily but catching of fleas.
「急ぐのはノミを捕まえるときだけでよい」

61 Necessity has no law.
【背に腹は代えられぬ】

有徳の士も，ときとして法を破らざるをえないことがある．差し迫った大事のためには，他の小事が犠牲になるのもやむをえないという喩え．直訳は「必要の前に法律はない」．Necessity knows no law.「必要は法律を知らない」と表現されることもある．

類句 Better the purse starve than the body.
「体が飢えるより財布が飢えたほうがよい」

All's fair in love and war.
「恋愛と戦争では，すべてのことが正当である [**勝てば官軍，負ければ賊軍**]」

62 Too many cooks spoil the broth.
【船頭多くして船山に登る】

指示する人が多すぎてまとまりがつかず，物事が思いがけない方向に進んでしまうということ．直訳は「料理人が多すぎるとスープができ損なう」．かつては，The more cooks, the worse potage. という表現で使われていた．broth は「（肉・野菜などの）薄い澄んだスープ」で，consomme は「肉と骨でダシをとった澄んだスープ」，potage は「クリーム状のスープ」のこと．

類句 Where every man is master the world goes to wrack and ruin.
「みなが支配者になるなら，世界は破滅する」

63 The sooner, the better.
【善は急げ】

良いことをするのにためらう必要はないという意．英語の直訳は「早ければ早いほどよい」．〈the ＋形容詞・副詞₁の比較級, the ＋形容詞・副詞₂の比較級〉は，「〔形容詞・副詞₁〕であればあるほど，〔形容詞・副詞₂〕である」

類句 Make hay while the sun shines.
「干し草は日の照っているうちに作れ」

64 between the hammer and the anvil
【前門の虎，後門の狼】

1つの災難を逃れても，別の災難が降りかかってくるという喩え．英語の直訳は「ハンマーと鉄床の間に」

類句 between the devil and the deep blue sea
「悪魔と深海の間に」

A precipice in front, a wolf behind.
「前には絶壁，後ろには狼」

65 He who would climb the ladder must begin at the bottom.
【千里の道も一歩から】

物事はすべて一足飛びにできるものではなく，初めから1歩ずつ着実に行うべきであるということの喩え．直訳は「梯子を登ろうとする者は，一番下から始めなければならない」．英語の ladder は「野心の象徴」とされている．ちなみに，英米には「梯子」の下を通り抜けると不吉だという俗信がある．

66 Providing is preventing.
【備えあれば憂いなし】

普段から準備をしておけば，いざというときにあわてなくてすむという意．英語の直訳は「用意することは防止することである」

類句 If you want peace, prepare for war.
「平和を求めるなら，戦争の準備を怠るな」
Keep something for a rainy day. /
Put it away for a rainy day.
「雨の日に備えて蓄えよ」
If you are prepared, you don't have to worry.
「準備をしておけば，恐れることはない」

67 It is easy to bear the misfortunes of others.
【対岸の火事】

自分にとって直接関わりのない他人の災難や病気は，楽に見ていられるということの喩え．英語の直訳は「他人の不幸に耐えるのはたやすい」．misfortune を使った表現には，Misfortunes never come singly.「泣き（っ）面に蜂」ということわざもある．

類句 The comforter's head never aches.
「慰めをいう人の頭は決して痛くない」
It has nothing to do with us.
「それは当方には何の関係もない」

参考 We shouldn't remain indifferent to that scandal.
「あのスキャンダルを対岸の火事と見なしてはならない」

68 The mountains have brought forth a mouse.
【大山鳴動して鼠一匹】

前触れとして大騒ぎした割には，実際はたいした結果でないこと．英語の直訳は「山々が1匹の鼠を動かした」

類句 Great cry and little wool.
「大きな叫び声に，羊毛は少し」
⇒ 初めて毛を刈られる若い羊は，鳴き声ばかりが大きく，身体が小さいため毛の量はほんのわずかしかないことから．

69 The greater embraces the lesser.
【大は小を兼ねる】

大きいものは小さいものの役目を果たすことができるという意．「しかし，その逆はありえない」という意が含まれている．英語の直訳は「大は小をも包含する」．embrace の代わりに include も使われる．

類句 The greater serves the purpose of the smaller as well.
「より大きなものは，より小さなものの目的にかなう」

70 Jack of all trades, and master of none.
【多芸は無芸】

多くの学問や技芸に通じていると，結局，中途半端になり，才能が何一つないのと同じであるということ．直訳は「あらゆる商売ができる者は，どの商売にも熟練できない」．He is a Jack of all trades, but a master of none. とも言う．Jack は「男／少年／やつ」という意で，一般の男性に対する代名詞として用いられる．

71 It is lawful to learn even from an enemy.
【他山の石】

他の山から出る粗末な石でも磨くと価値のある石として使用できるという意味で，自分の修業や反省の戒めとなる，他人の誤った言行の喩え．英語の直訳は「敵からさえも学ぶということは不法ではない」

参考 We should learn from her failure [mistake].
= We should take her failure as an objective lesson.
「われわれは彼女の失敗を他山の石とすべきだ」

72 There is no accounting for tastes.
【蓼食う虫も好き好き】

からい蓼の葉を好む虫もいるように，好みは人によって異なるという喩え．「蓼」はタデ科の植物．英語の直訳は「好みは説明できない」

類句 Every man to his own taste.
「好みは人それぞれ」

One man's meat is another man's poison.
「ある人の食物は他の人には毒である」
➡ この meat は「食べ物」の意．

73 It is an unexpected piece of good luck.
【棚からぼた餅】

思いがけない幸運が舞い込むことの喩え．英語の訳は「予期しなかった幸運が転がり込んでくる」．good luck の代わりに windfall も使われる．

参考 He expects that luck will just fall into his lap.
「彼は思い通りに行くと思っている」

It's really a godsend [windfall].
「それは棚からぼた餅だ」

Part3. "医学部に出る"ことわざ・格言の問題 **157**

74 Once over the border, one may do anything.
【旅の恥はかき捨て】

旅先では，普段はしないような恥ずかしい行いを平気ですることがあるということ．英語の直訳は「一度境界を越えると，人は何でもする」．border は boundary と異なり，「（山・川など）国と国との地理的な境界」を指すことが多い．

類句 There's no need to worry about manners while traveling.
「旅行中はマナーを気にする必要はない」

75 No news is good news.
【便りのないのは良い便り】

便りのないのは変わったことのない証拠である．便りを待ちわびている人を慰めるときに使われる表現．もともとは，No news is better than ill news. という形で使われていた．news は単数扱い．

76 Many pebbles make a mountain.
【塵も積もれば山となる】

ごく小さなわずかなものでも，積もり積もれば山のように大きくなるという喩え．直訳は「小さな石が沢山集まれば山になる」

類句 Penny and penny laid up will be many.
「ペニー，ペニーと貯めていけば，メニー（たくさん）になる」
⇨ penny と many が韻を踏んでいる．

Every little bit helps.
「小さなものでもみな役に立つ」

77 Silence is golden.
【沈黙は金なり】

弁舌たくましくまくし立てるよりも黙っているほうがよい場合が多いということ．しゃべりすぎに対する戒め．**「雄弁は銀，沈黙は金」**とも言う．**「沈黙は金」**に対して，日本には**「言わぬが花」**という表現があるが，英語では実利的な「金」という表現が用いられているのに対して，日本語では情緒的な「花」という表現が用いられている．

78 as different as chalk and cheese
【月とスッポン】

似ているところはあるが，実は比較にならないほど異なっていること．直訳は「チョークとチーズほども違う」．チョークと（棒状の）チーズとでは，外見は似ているが中身・用途がまったく異なることから．

類句 as different as night and day
「夜と昼ほども違う」

用例 His wife and mine are as different as night and day.
「彼の奥さんとうちのワイフでは月とスッポンだ」

79 Mom's word overrules anything.
【鶴の一声】

大勢の人の意見がバラバラでなかなか決まらないときに発せられた，決定権をもつ有力者や権力者の一言を意味する．英語の直訳は「母の言葉は何事にも勝る」

類句 The king's word is more than another man's oath.
「国王の言葉は，他の人の宣誓よりも重要である」

参考 After just one word from our father, we decided to go on the picnic last Sunday.
「父の鶴の一声で，この前の日曜日にピクニックをした」

Part3. "医学部に出る"ことわざ・格言の問題

80 Strike while the iron is hot.
【鉄は熱いうちに打て】

年老いてから教育しても効果がないので，若いうちに教育することが大事であるということ．また，物事は時機を逃がさず，機会と見たらすぐに対処すべきであるということ．

類句 Make hay while the sun shines.
「干し草は日の照っているうちに作れ」

81 The nail that sticks up gets hammered down.
【出る杭は打たれる】

才能が他の人より抜きん出ていると周りから嫉妬されたり，憎まれたりして，制裁を受けることがあるということの喩え．また，出すぎた動きをすると，批判されたり反対されたりすることが多いということの喩え．

類句 A tall tree catches much wind.
「高い木は風あたりが強い」

Envy is the companion of honor.
「嫉妬は名声の伴侶である」

82 A rolling stone gathers no moss.
【転石苔むさず】

転々と職や住居を変える人は，人生で成功しないという意．**「転がる石に苔むさず」**とも言う．日本人は**「石の上にも三年」**とほぼ同じ意味に解釈する．英語の訳は「次々と職を変える落ち着かない人に苔は生えない」．a rolling stone は擬人化されている．とくにアメリカでは，「活動している人はいつも清新である」という意味で使う人が多い．

83 The darkest place is under the candlestick.
【灯台下暗し】

身近な事情には案外気づかず，身の回りのことはかえってわかりにくいということの喩え．英語の直訳は「最も暗いのは燭台の下である」．この英語表現からもわかるように，「灯台」はもともと「燭台」（candlestick）を意味していた．

類句 The goodman is the last who knows what's amiss at home.
「主人は家庭の中の不始末をほとんど知らない」
⇨ 「主人／夫」を表す goodman は1語に綴る．

84 So many countries, so many customs.
【所変われば品変わる】

異なる土地や国には異なる風俗や習慣があり，また土地が異なると同じものでも名称や使われ方が異なるということ．直訳は「国の数だけ習慣がある」．custom を使った表現には，Custom is a second nature.**「習慣は第二の天性」**，Custom makes all things easy.**「習うより慣れろ」** などもある．

類句 Every country has its own customs.
「どの国にも独自の習慣がある」

85 You can't beat your age.
【年には勝てぬ】

年をとると，若いつもりでいても，体力や気力が衰えてくるということ．「年は争えない」とも言う．英語の直訳は「年齢には勝てない」．この beat は「負かす」という意．

類句 Time undermines us.
「年はわれわれを徐々に衰えさせる」
My age tells on me.
「年齢が（体力に）こたえる」
⇒ tell on は「～に影響を与える／～にこたえる」という意．

86 It's something an old man shouldn't attempt.
【年寄りの冷や水】
老人が年齢にふさわしくないふるまいをしたり，自分の体力をわきまえずに，激しい運動や危険なことをするという意．直訳は「老人が企ててはいけないことだ」

類句 It's an old man's indiscretion.
「年寄りの無分別（=不謹慎な行為）」
⇒ indiscretion は「無分別／無思慮」という意で，否定的なニュアンスが強い．

87 Don't count your chickens before they are hatched.
【捕らぬ狸の皮算用】
不確実なことをもとに，あれこれ計画を立てることの喩え．英語の直訳は「（卵が）かえらぬうちに鶏の数を数えるな」

類句 Catch the bear before you sell its skin.
「毛皮を売る前に，熊を獲れ」

88 an ass in a lion's skin
【虎の威を借る狐】
弱い人間が権勢のある者を笠に着て，勝手気ままにふるまったり，威張ったりすること．英語の直訳は「ライオンの皮を着たロバ」．「ラ

イオンの皮を着たロバがうっかりいなないたために，化けの皮がはがれた」というイソップ寓話から．lion を使った表現には，a lion in the way「前途に横たわる（とくに想像上の）障害」，lion's share「一番大きな分け前／甘い汁」，(to) toss someone to the lions「（人を）危険に追いやる」などがある．

89 Nothing will come of nothing.
【無い袖は振れぬ】

お金やもの，能力がないために，人にしてやりたい気持ちはあっても，どうすることもできないことの喩え．英語の直訳は「無からは，何も生じない」．シェイクスピアの『リア王』に出てくる言葉．Nothing comes of [from] nothing. とも言う．come of [from] は「〜から生ずる／〜出身である」という意．努力せずに結果のみを得ようとしてもだめであるということの喩えとして，**「蒔かぬ種は生えぬ」**を意味することもある．

類句 You can't get blood from a stone.
「冷酷な人に同情を求めてもむだ」
Harvest follows seed-time.
「収穫は種蒔きのあとにやってくる」
No mill, no meal.
「水車小屋がなければ，食事も作れない」

90 Misfortunes never come singly.
【泣き（っ）面に蜂】

つらい目にあい，さらに不幸なことが重なることの喩え．困っているときに，追い打ちをかけられるかのように重ねて災難に見舞われることを指す．**「弱り目にたたり目」「降れば必ずどしゃ降り」**とほぼ同じ意味．直訳は「災難は決して単独ではやってこない」．singly の

代わりに alone も使われる．

類句 It is a good ill that comes alone.
「単独でくる不幸は良い不幸である」
It never rains but it pours.
「降れば必ずどしゃ降り」

91 One good turn deserves another.
【情けは人の為ならず】

人のためによいと思ってしたことは，その人ばかりでなく，いつかは自分にも巡ってくるということ．直訳は「1つの良い行為はもう1つの行為に値する」．ここでの turn は「行為／行い」を意味する．deserve の代わりに，ask や require も使われる．

類句 If you do good, it will do good for yourself.
「慈悲を施せば，いずれ報われるときがくる」
A good deed never goes unrewarded.
「良い行いは必ず報われるものである」

92 A little knowledge is a dangerous thing.
【生兵法は大怪我のもと】

いい加減な知識や技術に頼って物事を行うと，大きな怪我や失敗をするという戒め．英語の直訳は「少しばかりの学問は危険なものである」．イギリスの詩人アレクサンダー・ポープ（1688〜1744）の言葉．knowledge の代わりに learning も使われる．

93 Practice makes perfect.
【習うより慣れろ】

教師や書物から学ぶよりも，実際に経験したり訓練を積んだほうが，確実に身につき，また効果が上がるという意．**「習うより慣れろ」**と

いう日本語訳が定着しているが，この英語表現は「実践が完成を生み出す」，つまり「習ったことを完璧にするには実践を積む必要がある」と解釈するのが正しい．

類句 Custom makes all things easy.
「習慣は物事をたやすくする［**習うより慣れよ**］」

94 Every fish that escapes, appears greater than it is.
【逃がした魚は大きい】

一度手に入れ損なったものは実際よりもよく見えるという喩え．直訳は「逃げた魚は実際より大きく見える」

類句 It is always the biggest fish that gets away.
「逃げるのはいつも，捕った中で一番大きい魚だ」

95 He that hunts two hares loses both.
【二兎を追う者は一兎をも得ず】

欲を出して2つのことを一度にしようとすると，何一つ満足な結果が得られないということの喩え．英語の訳は「欲張りすぎると何も得られない」

類句 One cannot be in two places at once.
「同時に2か所にいることはできない」

96 (to) make one's fortune overnight
【濡れ手で粟】

たいして苦労もせずに，多くの利益を上げることの喩え．直訳は「一晩で財産を作ること」．overnight の代わりに，at one stroke も使われる．

参考　He made a quick [fast] buck.
「やつは濡れ手で粟の大もうけをした」
➡ この buck は米・豪口語で「お金／ドル」を意味する．アメリカ先住民がシカの皮をお金の代わりに用いたことから．

97 Let sleeping dogs lie.
【寝た子を起こすな】

余計なことをして，せっかく落ち着いている問題を蒸し返すなという意味．英語の直訳は「眠っている犬はそのままにしておけ」．また，**「薮をつついて蛇を出すな」**，**「さわらぬ神にたたりなし」** もほぼ同じ意味．直訳は「寝ている犬は寝かせておけ」

類句　Wake not a sleeping lion.
「寝ているライオンを起こすな」

Leave well enough alone.
「良いことはそのまま放っておけ」

It is ill to waken sleeping dogs.
「眠っている犬を起こすのはまずい」

98 Still waters run deep.
【能ある鷹は爪を隠す】

抜きん出た才能のある者は，それを人前で誇示するようなことはしないという意．反対に，「物静かで無口の人は，何を考えているかわからない」という意に使われることもある．直訳は「静かな流れは深い」．still water は「一見（流れに）動きのない水」

類句　An able person doesn't show off his skills.
「才能のある人は自分の技能を見せびらかさない」

166

99 Sometimes the lees are better than the wine.
【残り物には福がある】

人と争わない遠慮深い人は，思いがけない幸福に恵まれることがあるということの喩え．「残り物に福あり」とも言う．英語の直訳は「ときには酒よりも澱のほうが良いことがある」

類句 Taking the last helping will bring you luck.
「最後の1杯が幸運をもたらす」

100 The danger is past and God is forgotten.
【喉元過ぎれば熱さを忘れる】

苦しい経験やつらい思いをしても，その苦しみが過ぎ，時がたつとすぐ忘れてしまうということの喩え．「苦しいときの神頼み」とほぼ同じ意味．英語の直訳は「危険が去れば神は忘れられる」

類句 In times of prosperity, difficulties are forgotten.
「うまくいっているときは，困難を忘れられる」

101 We have gone too far to go back.
【乗りかかった船】

一度手がけたことは，たとえ予想外の費用がかかっても，途中で投げ出すことなく，最後までやり通さなければならないということ．直訳は「かなり遠くまで来たので，もう引き返せない」

類句 He that is out at sea, must either sail or sink.
「海に出た者は，航海するか沈没するしかない」

102 (to) walk on egg shells
【薄氷を踏む思い】

びくびくしながら非常な危険を冒すことの喩え．直訳は「卵の殻の上を歩く」．日本語の「薄氷」を，英語では「卵の殻」で表現する．

類句 (to) tread upon eggs
「卵の上をそっと歩く」

(to) walk [skate] on thin ice
「薄氷の上を歩く」

➡ こちらは日本語の表現に類似している．

用例 I felt as if I were skating on thin ice when I had the interview.
「面接を受けたときは，薄氷を踏む思いだったよ」

103 Cakes before flowers.
【花より団子】

風流よりは実益を，外観よりは内容を大切にすること．風流を解さない人を批判する意味と，名誉よりも実利を求める意味の2通りに使う．cake の代わりに dumpling（肉入り蒸し団子）も使われる．cake を使った表現には，a piece of cake「朝飯前／お茶の子さいさい」などがある．

類句 Stick to basics.
「確実な利益に固執せよ」

Pudding rather than praise.
「賞賛よりもプリン」

104 (to) call a spade a spade
【歯に衣着せぬ】

遠慮したりせずに，思ったことを率直に言うこと．また，相手に対して多少不快なことや，厳しいことでもはっきり言うこと．英語の直訳は「鋤を鋤と呼ぶ」であるが，「あからさまに言う／率直にものを言う」という意の決まり文句．

類句 (to) give one's own opinion
「ズバリ本当のことを言う」

参考 My uncle is a frank, outspoken person.
「叔父は歯に衣着せずものを言う」

105 The early bird gets the worm.
【早起きは三文の徳】

早起きをすれば，何らかの良いことがあるので得をするということの喩え．**「早起きは三文の得」**とも言う．英語の直訳は「早起きの鳥は虫を捕らえる」．往々にして，First come, first served.「早い者勝ち」の意で使われる．

類句 The cow that's up first gets the first of the dew.
「最初に起きる牛が最初の朝露を飲む」

106 An army marches on its stomach.
【腹が減っては戦ができぬ】

お腹が空いていては何をするにも力が入らないということ．英語の直訳は「軍隊は腹で行進する」

類句 The mill stands that wants water.
「水がなければ水車は動かない」

参考 He had three bowls of rice, saying "I can't do anything on an empty stomach."
「彼は『腹が減っては戦はできぬ』と言って，ご飯を3杯も食べた」

107 All that glitters is not gold.
【光るもの必ずしも金にあらず】

人間でも何でも，外見だけでは判断できないということの喩え．**「人は見かけによらぬもの」**とほぼ同じ意味．

Part3. "医学部に出る" ことわざ・格言の問題　　169

類句 All is not gold that glitters.
「光るものすべてが金であるとは限らない」

108 Necessity is the mother of invention.
【必要は発明の母】

不便や不自由を感じて必要に迫られると，自然と発明が生まれて成功するということ．necessity は「知恵の教師」と擬人化されることがある．**「窮すれば通ず」**とほぼ同じ意味．

類句 Necessity knows no law.
「必要は法律を知らない」

109 Mind other men but most of all yourself.
【人のことよりわが身】

人のことを心配したり世話をしたりするより，まず自分のことに気を配るべきであるという戒め．英語の直訳は「他人のことを考えるべきだが，一番考える必要があるのは自分自身のことだ」

類句 He is a fool who forgets himself.
「自分のことを忘れる者は愚か者である」

110 Judge not a book by its cover.
【人は見かけによらぬもの】

人は外見に似ず，意外な一面をもっているものであるということ．**「光るもの必ずしも金にあらず」**とほぼ同じ意味．英語の直訳は「本は表紙で判断するな」．いかに表紙の美しい書物でも，内容をよく読んでみないと良否がわからないという意．悪いことに使うことが多い．

類句 You cannot know the wine by the barrel.
「酒の良し悪しは樽ではわからない」

170

You shouldn't judge people by their appearance.
「人を見かけで判断するべきではない」

111 There's no smoke without fire.
【火の（気の）ないところに煙は立たぬ】

うわさが立つというのはそれを裏づける根拠があるという意.

類句　Where there's smoke, there's fire.
「煙あれば火あり」

112 Seeing is believing.
【百聞は一見にしかず】

何度も人から聞くよりも，一度でも実際に自分の目で見るほうが確かであるということ．英語の直訳は「見ることは信ずることなり」

類句　One eyewitness is better than ten earwitnesses.
「1人の目撃者は，うわさを聞いただけの10人に勝る」

113 It is no use crying over spilt milk.
【覆水盆に返らず】

一度失敗したことはとり返しがつかないので，二度と同じ過ちを繰り返さないように心がけるべきであるという戒め．古くには，No sweeping for shed milk.「ミルクをこぼしてもホウキでは掃けない」という形式もあった．日本のことわざは中国の故事からであるが，中国人は「水」を，英米人は「ミルク」を題材にしているのは興味深い点.

類句　A bird cries too late when it is taken.
「鳥は捕らえられてから泣き叫んでも，もう遅い」

114 It never rains but it pours.
【降れば必ずどしゃ降り】

悪いことは重なるものであるという意．**「泣き（っ）面に蜂」**，**「弱り目にたたり目」**とほぼ同じ意味．この but は，unless と同じ意．It's raining cats and dogs. で「どしゃ降りだ」という表現もある．

類句 Misfortunes never come singly.
「災難は決して単独ではやってこない［泣き（っ）面に蜂］」

115 The pen is mightier than the sword.
【ペンは剣よりも強し】

言論が人々に訴える力の強さは，武力による強さよりも大きいということ．pen「ペン」は文筆による言論活動や思想表現の象徴とされる．might は「（人・物が）強力な／強大な／権勢のある」という意で，powerful よりも大きさを強調する言葉．

116 Fine feathers make fine birds.
【馬子にも衣装】

誰でも立派な衣服を着れば見栄えがするということの喩え．英語の直訳は「美しい羽毛は美しい鳥を作る」

類句 The tailor makes the man.
「仕立て屋が人を作る」
Clothes make the man.
「衣服が人を作る」

117 Good things come to those who wait.
【待てば海路の日和あり】

物事はじっと待っていればいずれ事態が好転することもあるから，気長に待つべきであるということの喩え．英語の直訳は「待つ者には

良いものがやってくる」

類句 He that can stay, obtains.
「じっとしていることのできる人が獲得する」

118 from the cradle to the tomb
【三つ子の魂百まで】

人間の性格や性向は幼いころに形成され，死ぬまで変わらないということ．主に，望ましくない性質について使われる．英語の直訳は「揺りかごから墓場まで」．cradle の代わりに womb でもよい．

類句 The leopard cannot change its spots.
「豹はその斑点を変えることができない」

What is bred in the bone will not out of the flesh.
「骨にしみ込んだものは，体から抜けない」

119 What is one pound of butter among a kennel of hounds?
【焼け石に水】

少々の援助や努力ではほとんど効果がないということの喩え．英語の直訳は「わずか1ポンドのバターでは，一群の猟犬に何の足しになろうか？（いやいや，何の足しにもならない）」．ここでの kennel は「（猟犬などの）群れ」を意味する．

類句 What's a few bucks [dollars] between friends?
「友の間で小金が何になる［**焼け石に水**］」

That is only a drop in the bucket.
「それはバケツの中の1滴にすぎない［**焼け石に水**］」

➡ bucket の代わりに ocean「大海」も使われる．

120 Work hard, play hard.
【よく学びよく遊べ】

人間としての幅をもつために，遊ぶときは徹底的に遊び，学ぶときは徹底的に学ぶべきであるという教え．Work when you work, play when you play. とも言う．

類句 All work and no play makes Jack a dull boy.
「勉強ばかりしていて遊ばないと，ジャックはばかになる」

➡ Jack は一般の男性を表す代名詞として用いられる．この Jack を使ったものには，Every Jack has his Gill.「どんな男にも（似合いの）女がいる」という表現がある．

121 Life is not all beer and skittles.
【楽あれば苦あり】

安楽な生活をしていれば必ず苦しみがやってくるという意．beer and skittles は「遊興／享楽／飲んだり遊んだり楽しいこと」という意．

類句 (There is) no pleasure without pain.
「苦なくして楽なし」

No rose without a thorn.
「刺のないバラはない」

122 Good medicine tastes bitter.
【良薬（は）口に苦し】

人からの忠告や助言は受け入れにくいものであるが，受け入れておけば自分のためになるということの喩え．英語を意訳すると，「自分のためになる忠告は聞きづらい」．Good medicine is bitter in the mouth. とも言う．

> 類句　Bitter pills may have blessed effects.
> 「苦い薬にはありがたい効き目がある」

123 Birds of a feather flock together.
【類は友を呼ぶ】

同じ趣味をもつ者や，気の合った者同士が互いに寄り集まるということ．**「類は友を以って集まる」**とも言う．英語のことわざには，人を非難するニュアンスがある．この a は，the same という意．feather は単なる「羽」ではなく，「羽の色・種類」という意で用いられている．

124 Rome was not built in a day.
【ローマは一日にして成らず】

ローマ帝国が長い年月に渡る人々の努力によって築かれたように，大事業は長い年月の大きな努力によって成るという喩え．最近では，仕事が順調に進まないときや，仕事がはかどらないときに使われることが多い．ちなみに，フランスには，Paris was not built in a day. ということわざがある．

> 類句　Little strokes fell great oaks.
> 「小さな打撃も大きな樫の木を倒す［**塵も積もれば山となる**］」
> Constant dripping wears away the stone.
> 「雨だれ，石をもうがつ」

125 Example is better than precept.
【論より証拠】

物事を明らかにするには，議論するよりも，証拠を出すほうが早い．直訳は「実例は教訓に勝る」．この英語は，日本語の**「論より証拠」**のニュアンスを忠実に表現している．

類句 The proof of the pudding is in the eating.
「プリン（かどうか）は食べてみることである」

126 (to) turn a misfortune into a blessing
【禍を転じて福となす】

何か悪いことがあっても，負けたり諦めたりせず，それをうまく利用して事態を好転させること．

類句 Never say die.
「弱音を吐くな」

用例 She turned the misfortune into a blessing.
「彼女はその禍を転じて福となした」

演習問題

演習問題1 普通 解答時間：4分

問題文を完成させるための語句を a）〜 c）から選んで記号で答えなさい.

(1) The proverb 'Never look a gift horse in the mouth' conveys the message that ...
   a) you should take care not to expect too much beforehand.
   b) you should not put your efforts in just one thing.
   c) you should not refuse good fortune when it is there in front of you.

(2) The proverb 'The pot calls the kettle black' conveys the idea that ...
   a) the pot itself, though unaware, suffers from the same weakness as the kettle.
   b) the pot calls the kettle by a nickname.
   c) the pot thinks of the kettle as a perfect match for him.

(3) The saying 'One swallow does not make a summer.' tells you ...
   a) not to jump at conclusions.
   b) to be on the look-out for the smallest hints.
   c) that more than one item is required to make a whole.

(4) The saying 'Spare the rod, and spoil the child.' stresses the importance of ...
   a) tolerance
   b) forgiveness
   c) discipline

(5) Which of the following English proverbs comes closest to our 「君子危うきに近寄らず」?

a) It is dangerous to dig pits for other folks: you'll fall in yourself.
b) When danger is near, keep out of the way.
c) There is danger in the absence of fear.

[帝京大・医学部]

解答

(1) c (2) a (3) a (4) c (5) b

解説

(1) Never look a gift horse in the mouth. ということわざは，「贈られた馬の口の中を決して見るな」→「贈り物にケチをつけるな」という意味．つまり，c)「幸運が目の前にあるときには拒絶するな」ということ．
　　a)「あらかじめ大きすぎる期待を抱くな」
　　b)「一事にだけ努力を傾けるな」

(2) The pot calls the kettle black. ということわざは，「鍋がやかんを黒いと呼ぶ」→「自分のことを棚に上げて他人を批判する」という意味．つまり，a)「鍋は気づいていないが，やかんと同じ弱点を抱えている」ということ．
　　b)「鍋はやかんをあだ名で呼ぶ」
　　c)「鍋はやかんを申し分ない相手だと見なしている」

(3) One swallow does not make a summer. は「ツバメが1羽来ただけでは夏にならない」→「早合点は禁物」という意味．つまり，a)「結論に飛びつくな」ということ．
　　b)「最もささやかなヒントにさえ配慮せよ」
　　c)「全体を構成するには2品以上必要だ」

(4) Spare the rod, and spoil the child. ということわざは，「鞭を惜しんで子ど

もをだめにしろ」→「かわいい子には旅をさせよ」という意味なので，c）「しつけ／訓練」の重要性を強調していることになる．
　　　　a）「忍耐／寛容」
　　　　b）「寛容／寛大」
（5）「君子危うきに近寄らず」に最も意味が近い英語のことわざは？　という問いなので，b）「危険が近づくときは，避けなさい」が正解．
　　　　a）「他人を落としてやるために落とし穴を掘るのは危険だ，自分が落ちるから」
　　　　c）「恐れのないところに危険がある」

演習問題2

やや難　解答時間：**3**分

以下の「　」内の日本語に最も近い意味を表す英語を選びなさい．

(1)「馬子にも衣装」
　　a. Have a costume on your horse.
　　b. Fine feathers make fine birds.
　　c. Don't look a gift horse in the mouth.
　　d. Birds of a feather flock together.

(2)「知らぬが仏」
　　a. Ignorance is bliss.
　　b. Nature is the best physician.
　　c. It is useless to cry over spilt milk.
　　d. Let sleeping dogs lie.

(3)「転ばぬ先の杖」
　　a. Say what you can do.
　　b. Look before you leap.
　　c. Practice makes perfect.
　　d. Stick to your gun.

(4)「気の置けない人」
　　a. A nice person to be with.
　　b. A very careful person.
　　c. A tricky person.
　　d. A snake in the grass.

[東京慈恵会医科大・医学部]

解答

(1) b　(2) a　(3) b　(4) a

解説

(1) 「馬子にも衣装」にあたる英語のことわざは，b の Fine feathers make fine birds. で「立派な羽で立派な鳥ができあがる」が直訳．他に Fine clothes make the man. という表現もある．d は「類は友を呼ぶ」という意味のことわざ．a は「馬に衣装を着せろ」という意味になるが，これはことわざではない．

(2) 「知らぬが仏」にあたる英語のことわざは，a の Ignorance is bliss. で，「無知は祝福」が直訳．c は「覆水盆に返らず」，b は「自然は最良の医師」，d は「寝た子を起こすな」「さわらぬ神にたたりなし」という意味のことわざ．

(3) 「転ばぬ先の杖」にあたる英語のことわざは，b の Look before you leap. で「跳ぶ前に見よ」が直訳．c は「習うより慣れよ」という意味のことわざ．a は「君にできることを言え」という意味になるが，ことわざではない．d は「己の銃に固執しろ」→「一歩もゆずるな」という意味のことわざ．

(4) 「気の置けない人」は「一緒にいて感じのいい人」と考えられるので，a の A nice person to be with. が正解となる．b は「注意深い人」という意味のフレーズ．c は「狡猾な（ずるがしこい）人」という意味．d は Take heed of the snake in the grass. の末尾にあたるもので，「草中の蛇に注意せよ」→「見えないところに危険が隠れているので注意せよ」という意味のことわざ．

演習問題3　普通　解答時間：3分

次の日本語のことわざ（a）〜（e）の意味に最も近い英語の表現を1〜4からそれぞれ1つ選びなさい．

（a）「苦あれば楽あり」
1. There is no smoke without fire.
2. If there were no clouds, we should not enjoy the sun.
3. The longest day must have an end.
4. The proof of the pudding is in the eating.

（b）「住めば都」
1. Hunger is the best sauce.
2. As the old cock crows, so crows the young.
3. Every bird likes its own nest the best.
4. Every dog has his day.

（c）「雨降って地固まる」
1. One cannot put back the clock.
2. Storms make oaks take deeper root.
3. Money makes the mare go.
4. Misfortunes never come singly.

（d）「嘘も方便」
1. Don't cross the bridge until you come to it.
2. When the wine's in, the wit's out.
3. He that will steal a pin will steal an ox.
4. The end justifies the means.

(e)「身から出たさび」(自業自得)
　　1. A dog does not eat a dog.
　　2. It is no use crying over spilt milk.
　　3. Conscience does make cowards of us all.
　　4. You must drink as you have brewed.

[関西医科大学・医学部]

解答
(a) 2　(b) 3　(c) 2　(d) 4　(e) 4

解説
(a) 「苦あれば楽あり」という意味の内容となる文は，2の If there were no clouds, we should not enjoy the sun. であり，「雲がなければ，日差しも楽しめない」という訳となる．1は「火のないところに煙は立たない」という意味のことわざ．3は「長い1日にも終わりはある」→「いやなことでもいつかは終わる」という意味のことわざ．4は「プリン（かどうか）は食べてみることだ」→「論より証拠」という意味のことわざ．

(b) 3の Every bird likes its own nest the best. 「どんな鳥も，住み慣れた自分の巣が一番好きだ」という文は，意訳すると「住めば都」という意味となる．1は「空腹は最高のごちそう」という意味のことわざ．2は「親鶏が時を告げれば，若鶏も時を告げる」→「見様見真似」という意味のことわざ．4は「どうでもいいような人でも，一生に一度は彼らの全盛期がある」という意味のことわざ．

(c) 「雨降って地固まる」となるのは2の Storms make oaks take deeper root. 「嵐がくれば，樫の木はいっそう深く根を下ろす」である．1は「時に逆らうことはできない」という意味のことわざ．3は「お金は（しぶとい）雌馬をも歩かせる」→「地獄の沙汰も金次第」という意味のことわざ．4は「不幸はつづくもの」

Part3. "医学部に出る" ことわざ・格言の問題　183

という意味のことわざ.

（d） 「嘘も方便」という意味になるのは，4の The end justifies the means.「目的は手段を正当化する」である．1は「橋のたもとに着くまでは橋を渡るな」→「とり越し苦労はするな」という意味のことわざ．2は「酒が入ると知恵が出て行く」という意味のことわざ．3は「ピンを盗む者は，雄牛をも盗む」→「一事が万事」という意味となる．

（e） 4の You must drink as you have brewed. は「茶は自分が入れた通りに飲まねばならぬ」という意味であり，「身から出たさび」ということわざに近いフレーズとなる．1は「犬は犬を食わない」→「悪獣も相思う」．2は「覆水盆に返らず」ということわざ．3は「良心がわれわれを臆病者にする」

演習問題4　普通　解答時間：2分

( )内の語(句)を並べ替えて和文が表す意味の英文を完成させなさい．ただし足りない単語が1つあるのでそれは自分で補うこと．また文頭に来る単語も小文字で示してあります．

「二兎を追うものは一兎をも得ず．」
(catch, will, hares, you, two, if, chase, you)．

[東京慈恵会医科大・医学部]

解答

If you chase two hares, you will catch neither.

解説

neither「どちらも～ない」は，2つのものを全否定するときに用いる代名詞．解答用紙に上記解答のようにコンマ(,)がなくても減点はされない．

Part 4 医学部に出る 対話文完成問題

出題傾向のPOINT

出題予想「病状・病歴に関するメディカル英語フレーズ」214選

〈目〉に関するフレーズ ……………………………………… Eyes

1. 目がかすみます．
   My vision is blurred.
2. ものがぼやけて見えます．
   My vision is cloudy.
3. あなたは近視ですか？
   Are you near-sighted?
4. あなたは遠視ですか？
   Are you far-sighted?
5. あなたはコンタクトを使用していますか？
   Do you wear contact lenses?
6. あなたはめがねを使用していますか？
   Do you wear glasses?
7. いつ視力検査を受けましたか？
   When did you take a vision test?
8. 目が痛みますか？
   Do you have any pain in your eyes?
9. 目がかゆいですか？
   Do your eyes feel itchy?
10. 目がひりひりしますか？
    Do your eyes feel irritated?

11. 目やにが出ますか?

    Do you have any discharge from your eyes?

12. 涙がたくさん出ますか?

    Do you have watery [teary] eyes?

13. 目が乾いている感じですか?

    Do your eyes feel dry?

14. 目がごろごろしますか?

    Do your eyes feel sandy?

15. 近い家族の中に目の病気の人はいますか?

    Does anyone in your immediate family have eye diseases?

16. 近い家族の中に緑内障の方はいますか?

    Does anyone in your immediate family have glaucoma?

17. 近い家族の中に白内障の方はいますか?

    Does anyone in your immediate family have cataract?

〈耳〉に関するフレーズ ……………………………………………… Ears

18. 耳の具合が悪いですか?

    Do you have any problems with your ears?

19. 聴力に何か問題がありますか?

    Do you have difficulty hearing?

20. 彼は耳が遠い.

    He is hard of hearing.

21. 補聴器をつけていますか?

    Do you wear a hearing aid?

22. 耳鳴りがしますか?

    Do you have a ringing in your ears?

23. 耳だれがありますか？

    Do you have any discharge from your ears?

24. 耳がかゆいですか？

    Are your ears itchy?

25. 鼓膜が破れたことがありますか？

    Have you ever had a ruptured eardrum?

〈鼻〉に関するフレーズ　Nose

26. 鼻の具合が悪いですか？

    Do you have any problems with your nose?

27. 鼻が痛みますか？

    Do you have any pain in your nose?

28. においがよくわかりますか？

    Can you smell things accurately?

    = Do you have a good sense of smell?

29. 鼻水がたくさん出ますか？

    Does your nose run a lot?

    = Do you have a lot of discharge from your nose?

    = Do you have a runny nose?

30. 水っぽい鼻水がよく出ますか？

    Do you often have watery snot?

31. 鼻水がネバネバなら，あなたは風邪をひいたかもしれません．

    If your nose mucus is thick, you might have caught a cold.

32. 鼻水はさらさらですか，それともネバネバですか？

    Is your snot smooth or thick?

33. あなたの鼻水は透明色ですか？

    Is the color of your snot clear?

34. 黄ばんだ色の鼻水が出ますか?
    Do you have yellowish snot?
35. 鼻汁は喉のほうにたれますか?
    Do you have postnasal drip?
    = Does the nasal mucus drain into your throat?
36. くしゃみが出ますか?
    Do you sneeze a lot?
37. よく鼻がつまります.
    I often have a stuffy nose.
38. 鼻血が出ました.
    I had a nosebleed.
39. 鼻アレルギーはございますか?
    Do you have a nasal allergy?
40. 今までに副鼻腔炎(ふくびこうえん)にかかったことはありますか?
    Have you ever had a sinusitis?
41. あなたはいつから花粉症ですか?
    Since when have you been suffering from hay fever?

〈喉〉に関するフレーズ ······ Throat

42. 喉の具合が悪いですか?
    Do you have any problems with your throat?
43. 喉が痛みますか?
    Do you have a sore throat?
44. 喉に不快感はありますか?
    Do you feel discomfort with your throat?
45. 声がかれますか?
    Do you get hoarse?

46. 声が出ないことがありますか?

Do you ever lose your voice?

47. たばこを吸いますか?

Do you smoke?

48. 1日に何本吸いますか?

How many cigarettes do you smoke a day?

49. うがい薬でうがいをしましたか?

Have you gargled the mouthwash?

〈口〉に関するフレーズ　　　　Mouth

50. 口の具合が悪いですか?

Do you have any problems with your mouth?

51. 口の中に潰瘍がありますか?

Do you have ulcers in your mouth?

52. 口の中に腫れ物がありますか?

Do you have a swelling in your mouth?

53. 口の周りに斑点があります．

You have patches around your mouth.

54. 食べたりするのがつらいですか?

Do you have difficulty eating?

55. 飲んだりするのがつらいですか?

Do you have difficulty drinking?

56. 口を開けると痛みますか?

Does it hurt when you open your mouth?

57. 舌はしびれていますか?

Does your tongue feel numb?

58. 舌はひりひり痛む感じですか？
Does your tongue feel burning?

59. 唇は乾燥していますか？
Are your lips dry?

60. あなたの唇は荒れています．
Your lips are rough.

61. 規則正しい食生活をしていますか？
Do you eat at regular times?

62. バランスのとれた食事をしていますか？
Do you eat well-balanced meals?

63. 服用している薬がありますか？
Are you taking any drugs or medications?

64. 甘い味がわかりますか？
Can you tell sweet taste?

65. 苦い味がわかりますか？
Can you tell bitter taste?

66. 酸っぱい味がわかりますか？
Can you tell sour taste?

67. 塩味がわかりますか？
Can you tell salty taste?

68. 喉はよく渇きますか？
Are you often thirsty?

69. 口臭が気になりますか？
Do you worry about having bad breath?

70. 口内炎はよくできますか？
Do you often have inflammation of the mouth?

〈歯〉に関するフレーズ　　　Tooth

71. 歯が痛みますか?
    Do you have a toothache?
72. 歯の具合が悪いのですか?
    Do you have any problems with your teeth?
73. 歯茎が痛みますか?
    Do you have pain in your gums?
74. 歯に軽い痛みがありますか?
    Do you have a mild pain with your tooth?
75. 歯に強い痛みを感じますか?
    Do you feel severe pain with your tooth?
76. このずきずきする痛みが本当につらい．
    This throbbing pain is actually killing me.
77. うずくような痛みが常にありますか?
    Do you always have a shooting pain?
78. この歯はしみますか?
    Does this tooth smart?
79. 冷たいものを飲むときしみます．
    When I drink cold liquids, it smarts.
80. 虫歯がありますか?
    Do you have tooth decay?
81. 歯茎がただれていますか?
    Are your gums sore?
82. 歯を磨くと出血します．
    My gums bleed when I brush my teeth.
83. ぐらぐらする歯がありますか?
    Does any of your teeth feel loose?

84. 歯周病はありますか?
Do you have periodontitis?

〈呼吸器〉に関するフレーズ ······ Respiratory Organs

85. 咳が出ますか?
Do you cough a lot?

86. 痰がからむ咳が出ますか?
Do you have a productive cough?

87. ぜいぜいする咳が出ますか?
Do you have a wheezy cough?

88. コンコンする咳が1日中ありましたか?
Did you have a hacking cough all day long?

89. どのくらいの頻度で咳が出ますか?
How often do you cough?

90. 咳をすると痰が出ますか?
Do you cough up sputum?

91. どろどろした痰が喉にありますか?
Is there thick sputum in your throat?

92. ネバネバした痰が喉にありますか?
Is there sticky sputum in your throat?

93. あなたの喉にあるものは, さらさらした痰ですか?
Is the thing stuck in your throat thin sputum?

94. 透明の痰が出てきましたか?
Did you have clear sputum?

95. 黄色味を帯びた痰が出てきましたか?
Did you have yellowish sputum?

96. ピンクがかった痰が出てきましたか？
    Did you have pinkish sputum?
97. 息切れしますか？
    Do you get short of breath?
98. いびきをかくと人から言われたことがありますか？
    Have you ever been told that you snore?
99. 睡眠中の無呼吸を指摘されたことがありますか？
    Have you ever been told that you stop breathing while you sleep?
100. 高血圧と言われたことがありますか？
    Have you ever been told that you have high blood pressure?
101. 副鼻腔に異常がありますか？
    Do you have any trouble with your sinuses?
102. 子どものころ，ぜんそくをもっていましたか？
    Did you have asthma when you were a child?
103. 肺炎と言われたことがありますか？
    Have you ever been told that you have pneumonia?
104. ご家族に肺がんをもっている人はいますか？
    Is there anyone in your family who has lung cancer?
105. 肺結核になったことはありますか？
    Have you ever had tuberculosis?

〈心臓・血管〉に関するフレーズ ……… Heart and Blood Vessel

106. 心臓の具合が悪いのですか？
    Do you have any problems with your heart?
    = Is there anything wrong with your heart?

107. ストレスを受けると心臓がドキドキしますか?
Does your heart pound under stress?
108. 心臓の鼓動を診てもよろしいですか?
Can I check your heart beat?
109. あなたの心臓は非常に激しく打っていますか?
Is your heart beating particularly strong?
110. 緊張したとき，あなたの心臓は非常に速く打ちますか?
When you get nervous, does your heart pound particularly rapid?
111. ご家族に不整脈の方はいらっしゃいますか?
Is there anyone in your family who has an irregular pulse?
112. 手足の震えがあることはありますか?
Do you have trembling or shaking of your hands and feet?
113. 狭心症と言われたことはありますか?
Have you ever been told that you have angina pectoris?
114. 手足に腫れがありますか?
Do you have swellings on your hands and feet?

〈胃腸・消化器〉に関するフレーズ ……… Digestive Organs

115. 食欲はどうですか?
How is your appetite?
116. 食欲はありますか?
Do you have a good appetite?
117. 食欲を増進するために運動していますか?
Do you take exercise to increase your appetite?
118. 胃腸が弱いですか?
Do you have a poor digestion?

119. 胃腸の具合が悪いのですか?
 Do you have any problems with your stomach or bowels?
120. 食べ物がよく喉につかえますか?
 Do you often choke on food?
121. 消化の具合が悪いのですか?
 Do you have problems with your digestion?
122. 胸やけしますか?
 Do you have heartburn?
123. 胃がもたれますか?
 Does food sit heavy on your stomach?
124. 消化不良を起こしますか?
 Do you have indigestion?
125. 吐き気がしますか?
 Do you feel nauseated?
 = Do you feel like vomiting?
126. 吐きましたか?
 Did you vomit?
127. 下痢をしていますか?
 Do you have diarrhea?
128. 便秘していますか?
 Are you constipated?
 = Do you have constipation?
129. ダイエットしていますか?
 Are you on a diet?
130. 体重はどのくらいありますか?
 How much do you weigh now?
131. 体重を減らしたいですか?
 Do you want to lose weight?

〈腎臓・泌尿器〉に関するフレーズ
Urinary Organs and Kidney

132. 腎臓の具合が悪いのですか?
     Do you have any problems with your kidneys?
133. 膀胱の具合が悪いのですか?
     Do you have any problems with your bladder?
134. 排尿に問題がありますか?
     Do you have any problems with urinating?
135. どんな尿が出ますか?
     What is your urine like?
136. 今朝は澄んでいました.
     It was clear this morning.
137. 少し濁っています.
     It is a bit cloudy.
138. もし尿が淡い黄色なら, 何も心配することはないです.
     If the color of your urine is light yellow, there is nothing to worry about.
139. 最近疲れているので, 濃い黄色です.
     It's a bit dark yellow because I have been tired these days.
140. あなたの尿は赤みがかっていると思いますよ.
     I guess your urine has a reddish color.
141. 糖尿病の既往はありますか?
     Do you have a history of diabetes?
142. これまでに高血圧にかかったことがありますか?
     Have you had high blood pressure?
143. 特別な食事療法をしていますか?
     Are you on a special diet?

144. ご家族のどなたかが腎臓の病気にかかったことがありますか？

Has anyone in your immediate family had kidney disease?

〈皮膚〉に関するフレーズ　Skin

145. 皮膚に問題がありますか？

Do you have any problems with your skin?

146. 発疹がありますか？

Do you have a rash?

147. 頭皮に発疹があります．

I have a rash on my scalp.

148. 顔に発疹があります．

I have a rash on my face.

149. 唇に発疹があります．

I have a rash on my lips.

150. 背中に発疹があります．

I have rashes on my back.

151. どんな発疹ですか？

What kind of rash is it?

152. 赤い発疹が出るということは，何かの病気にかかっているに違いない．

Having a red rash means that you must have some kind of disease.

153. かゆみがありますか？

Do you feel itchy?

154. この発疹のせいでひどくかゆいです．

I feel intensely itchy because of this rash.

155. 炎症による痛みがありますか？

Do you have a sore?

156. 皮膚の色が変化しましたか?
Has your skin changed its color?

157. 皮膚が黒ずんでいますか?
Did your skin get darker?

158. 皮膚は赤みを帯びていますか?
Is the color of your skin reddish?

159. 皮膚は黄色みを帯びていますか?
Is your skin yellowish?

160. 潰瘍がありますか?
Do you have ulcers?

161. 乾燥, ざらざら感がありますか?
Is your skin dry or rough?

162. 表皮のはがれがありますか?
Is your skin flaky?

163. 脂っぽさがありますか?
Is your skin oily?

164. 切り傷がありますか?
Do you have cuts?

165. 擦り傷がありますか?
Do you have scrapes?

166. やけどがありますか?
Do you have burns?

167. あざがありますか?
Do you have bruises?

168. 肌触りは以前と比べてどうですか?
How has your skin been in texture?

169. いつもよりなめらかです.
Finer than usual.

170. ざらざらしています
Rougher than usual.
171. これまでにアレルギー反応を起こしたことがありますか？
Have you ever had any allergic reactions?
172. はしかの予防接種を受けましたか？
Did you have vaccinations for measles?
173. ほくろがありますか？
Do you have any moles?
174. 最近ひどく脱毛しましたか？
Have you recently noticed any excessive hair loss?
175. 何か脱毛の原因として考えられるものはありますか？
What do you think is causing your hair loss?
176. 生まれつきです．
It was present at birth.
177. 頭皮の感染症があります．
I have a scalp infection.
178. 頭皮に怪我があります．
I have an injury to my scalp.
179. 化学物質に触れたことがあります．
I have been exposed to some chemicals.
180. 放射線治療を受けました．
I have had radiation therapy.
181. 最近ストレスが多いんです．
I have been under stress these days.

〈精神・ストレス〉に関するフレーズ　　　Stress and Mind

182. ストレスがたまっていますか？
Do you have too much stress?

183. どうやってストレスを解消しますか？
What do you do to get rid of stress?

184. 運動です．
Exercising.

185. 喫煙です．
Smoking.

186. 飲酒です．
Drinking alcohol.

187. 甘いものを食べます．
Eating sweets.

188. コーヒーを飲みます．
Drinking coffee.

189. 心配性なほうですか？
Do you tend to be an anxious or nervous person?
= Do you worry often?

190. 几帳面なほうですか？
Do you tend to be precise in everything?

191. 不安になるとどんな症状が出ますか？
When you feel anxious or nervous, what symptoms do you have?

192. 落ち着きがなくなります．
I feel restless.

193. 疲れやすくなります．
I get tired easily.

194. 集中できなくなります.
   I have difficulty concentrating.
195. 怒りっぽくなります.
   I get irritable.
196. 眠れなくなります.
   I have difficulty sleeping.
197. 冷や汗が出ます.
   I have a cold sweat.
198. 息切れがします.
   I get short of breath.
199. 吐き気がします.
   I feel like vomiting.
200. めまいがします.
   I get dizzy.
201. 頭がくらくらします.
   I get lightheaded.
202. 尿が近くなります.
   I urinate more frequently.
203. 悪寒がします.
   I have chills.
204. 最近気分はどうですか?
   How have your spirits been recently?
205. 気分が滅入っています.
   I feel depressed.
206. むなしい気分です.
   I feel empty.
207. 涙もろくなっています.
   I feel tearful.

208. いらいらします．
I feel irritable.
209. 気力がわきません．
I feel a lack of energy.
210. いつも疲れています．
I feel tired all the time.
211. 気分が落ち込むのはいつですか？
When do you feel depressed?
212. 朝方です．
In the morning.
213. 夕方です．
In the late afternoon.
214. 1日中です．
All day long.

対話文完成問題を解くための口語・会話表現

1. 挨拶のフレーズ
   - （1）**What's new? / What's up?**　「調子はどう？」
   - （2）**Not bad.**　「まあまあだね」
   - （3）**How's everything going?**　「調子はどうですか？」
   - （4）**How've you been doing?**　「調子はどうですか？」
   - （5）**How are you doing?**　「調子はどうですか？」
   - （6）**How are you getting along?**　「調子はどうですか？」

2. 同情するフレーズ
   - （1）**That's too bad. / Too bad.**　「それはお気の毒さまです」
     - ▶ 風邪をひいたとかテストができなかったといった相手に対する同情の気持ちを表す．
   - （2）**I'm sorry to hear that.**　「それはお気の毒さまです」
   - （3）**Oh, that's a shame.**　「あっ，それは残念だ」

3. 謝罪・謝るときのフレーズ
   - （1）**I'm sorry. / Sorry.**　「ごめんなさい／申し訳ありません」
     - ▶ 自分に非があることを認めるときに使う表現．
   - （2）**Excuse me.**　「すみません／ちょっと失礼します」
     - ▶ 他人（相手）に声をかけるとき，席を立つときなどに使うちょっとした謝罪．
   - （3）**Please forgive me.**　「私を許してください」

4. 前置きをするフレーズ
   - （1）**Believe it or not, ~**　「信じられないかもしれないけど，~」
   - （2）**Let me see. / Let's see. / Well.**
     　「ええと……／そうだね……」

⇨ 何かをたずねられて，考えたり調べたりする時間を稼ぎたいときに使う表現．

例 A : Let me see . . . where did I put that picture?
「ええと…あの写真をどこに置いたっけ？」

B : Isn't that it, over there?
「向こうにある，あれじゃないの？」

(3) **Think about it.** 　　　　「考えてみてよ」

(4) **Not for sure, but ~** 　　「はっきりとはわからないけど，~」

⇨「自分がこれから言うことは，正確ではないかもしれない」と前置きするときの表現．たいていの場合，but「だけど」とつづけて自分の意見を言う．

例 A : Do you know if the show is still running?
「そのショーがまだやっているかどうか知ってる？」

B : Not for sure, but I think so.
「はっきりとはわからないけど，まだやってると思うわよ」

(5) **That's a part of it.** 　　「それもある」

⇨ 相手の発言に対して，「それはその事柄の1つの側面ではあるが，すべてではなく，他の面もあげることができる」というときに使う．

例 A : So you chose that gym because it is open till late at night?
「じゃあ，遅くまで開いているからあのジムを選んだの？」

B : That's a part of it. All the instructors are good-looking!
「それもあるわ．インストラクターがみんなハンサムなの！」

(6) **To tell the truth, ~** 　　「正直言って，~」
(7) **You know what?** 　　　「ちょっと話があるんだけど」
(8) **Actually, ~** 　　　　　「ところが実際は，~」

⇨ 相手の期待に反して否定的なメッセージを伝えるときに使う前置き言葉．
　（9）**I mean ...**　　　　　　　　「つまり……」
　　　　　⇨ 詳しく説明し直すときのフレーズ．
　（10）**You know.**　　　　　　　「ねえ，知っているだろうけど」
　　　　　⇨ 相手の理解を期待したり，次の言葉を考えているために時間稼ぎとして使う．主に会話の始めに用いる．

---

5. 感謝の気持ちを表すフレーズ
　（1）**Thanks. / Thank you.**　　　「ありがとう」
　（2）**I really appreciate it.**　　　「本当に感謝いたします」
　（3）**Thank you for all your trouble.**
　　　　　　　　　　　　　　　　　「いろいろとありがとうございます」
　（4）**Thank you for helping me.**　「助けてくれてありがとう」

---

6. ほめるときのフレーズ
　（1）**That's excellent.**　　　　　「すばらしい」
　（2）**You did it!**　　　　　　　「やったね」
　（3）**That's good!**　　　　　　「いいですね」
　（4）**That's great!**　　　　　　「すごいですね」
　（5）**Lucky you!**　　　　　　　「ついているね」
　（6）**You made it!**　　　　　　「やったね」
　（7）**Good for you!**　　　　　　「それはよかった」
　　　　　⇨ 相手のお手柄や成功をほめる表現．

---

7. 勧誘・誘うときのフレーズ
　（1）**Why don't you V?**　　　　「V してはどうですか？」
　（2）**What do you say to V-ing?**　「V するのはどうですか？」

（3）**Would you care for ~ ?**　　　「~はいかがですか？」
（4）**How about ~ ? / What about ~ ?**
　　　　　　　　　　　　　　　　　「~はどうですか？」
（5）**Why don't we V?**　　　　　　「一緒にVしませんか？」

---

8. 驚きを表すフレーズ
　（1）**Really? I had no idea.**　　　「本当？ 思ってもみなかったよ」
　（2）**Wow! It's hard to believe.**　　「すごい！ 信じられないね」
　（3）**You did? That was quick.**　　「終わったの？ 早かったね」
　（4）**Is that it?**　　　　　　　　　「これだけ？」
　　　▶ Is that all?「それで全部ですか」とほぼ同じ意味のくだけた表現．使われる状況によって，単なる問い返しの意味の場合もあれば，落胆の気持ちを表すこともある．
　　　例 A : Here is your meal, sir.
　　　　　　「お客様，こちらがお料理でございます」
　　　　B : Is that it? Is this all I get for 35 dollars?!
　　　　　　「これだけ？ 35ドル払ってこれで全部？」
　（5）**Really?**　　　　　　　　　　「本当？」
　　　▶ 日本語の「マジ？」に近い驚きや疑いを表す表現．相手を非難する意味にもなる．
　　　例 A : I finished reading the book you lent me yesterday.
　　　　　　「昨日貸してくれた本，読み終わったよ」
　　　　B : Really?
　　　　　　「本当？」
　（6）**That's amazing.**　　　　　　「驚きだね」
　（7）**That's incredible.**　　　　　「信じられない」
　（8）**Huh.**　　　　　　　　　　　「へ～え」
　（9）**You're kidding.**　　　　　　「冗談だろ」

(10) **Oh, dear! / Oh, really?** 「あら，まあ／ほんと?」
　　⇨ 予想に反したことを言われて驚く反応．

9. 依頼や許可を求めるフレーズ
　（1）**May I ~ ?**　　　　　　　　「~してもよろしいですか?」
　（2）**Can I have a seat here?**　「ここに座ってもよろしいですか?」
　（3）**Can I have some ~ ?**　　「~を少しいただけますか?」
　（4）**I have a favor to ask.**　　「お願いがあるのですが」
　（5）**Will you do me a favor?**　「1つお願いがあるのですが」
　（6）**Could you please tell me about ~ ?**
　　　　　　　　　　　　　　　　　「~について話していただけますか?」
　（7）**Would you take care of ~ ?**
　　　　　　　　　　　　　　　　　「~の面倒を見ていただけますか?」

10. 相手の言ったことを受け入れるフレーズ
　（1）**Certainly.**　　　　　　　　「かしこまりました」
　（2）**Sure.**　　　　　　　　　　「もちろん」
　　　⇨ 相手からの依頼や要請に対して承認するときに使う．
　　　例　A: Can I use the bathroom?
　　　　　　「トイレ使ってもいいですか」
　　　　　B: Sure.
　　　　　　「もちろん，いいとも」
　（3）**Why not?**　　　　　　　　「もちろん／いいとも，そうしよう」
　　　⇨ 相手の提案に対して使う．否定文に対して「なぜ?」の意味で使われることもあるので注意．
　（4）**With pleasure.**　　　　　　「喜んで」
　（5）**That's fine with me.**　　　「私はそれで結構ですよ」
　（6）**O.K.**　　　　　　　　　　「いいとも」

(7) **By all means. / Go ahead.** 　「どうぞ」
　　⇨ 許可を求められたときの好意的な返事．

(8) **Fine.** 　「いいよ」
　　⇨ 相手の提案に対して同意したり，それを承認したりするときに使う．

　　例 A : How about going to the Chinese restaurant?
　　　　　「チャイニーズレストランに行こうか」
　　　　B : Fine.
　　　　　「いいよ」

(9) **If you say so.** 　「君がそう言うのなら」
　　⇨ 相手の提案をやむをえず受け入れるときや，相手の意思を尊重して相手の提案を受け入れるときのフレーズ．

---

11. 相手の言ったことを断るフレーズ

(1) **Absolutely not.** 　　　　　　　「絶対だめ」
(2) **I'm afraid I can't.** 　　　　　　「残念ですができません」
(3) **I'm sorry.** 　　　　　　　　　　「すみません」
(4) **No, thank you.** 　　　　　　　「いいえ，結構です」
(5) **I can't do that.** 　　　　　　　「そんなのできないよ」
(6) **No kidding! / No way!** 　　　　「とんでもない／冗談じゃない」
(7) **That's out of the question.** 　　「それは論外です」
(8) **Nothing doing!** 　　　　　　　「絶対だめ」

---

12. 励ましたり，アドバイスしたりするフレーズ

(1) **Don't miss it!** 　　　　　「見逃さないようにね！」
(2) **Get used to it.** 　　　　　「慣れるしかないよ」
(3) **Don't worry.** 　　　　　　「心配しなくていいよ」
(4) **Have fun!** 　　　　　　　「楽しんできてね！」

(5) **That's life.** 「世の中そんなもんよ」
(6) **Don't worry. You'll get by.** 「大丈夫さ. 何とか切り抜けられるよ」
(7) **Watch out!** 「危ない!」
(8) **Come on!**
「ねえねえ／やろうよ／おいおい／がんばれ／頼むよ／まさか」
➡ 相手を促したり, 励ましたり, たしなめたりするときに使われる.

---

13. 賛成の気持ちを表すフレーズ

(1) **So do I.** 「私もそうです」
(2) **Sounds good to me.** 「私はそれでいいと思います」
(3) **You can say that again.** 「その通りですね」
(4) **That's exactly what I wanted to say.**
「まさにそれが私の言いたかったことです」
(5) **I agree with you.** 「賛成です」
(6) **I think you're right.** 「その通りだと思います」
(7) **I see what you mean.** 「おっしゃることはわかります」
(8) **I can't agree with you more.** 「まさにその通りです」
(9) **Right. / That's it. / That's right. / You're right.**
「その通り／君の言う通りだ」
➡ 相手の意見が正しく認めたいときに使うフレーズ.
(10) **True.** 「その通り」
➡ That's true. や It's true. の省略形. 相手の言葉に対してあいづちを打つときの表現.
(11) **Exactly.** 「そうです／おっしゃる通りです」
➡ 相手の発言にまったく同意の気持ちを表すときの表現.
(12) **That's a good idea.** 「そりゃいい考えだ」
➡ 相手の提案に対する賛成の意図を表す.

(13) **Uh-huh.** 「うんうん，なるほど」
⇨ 相手の発言に対して「理解した」「賛成だよ」「話を聞いているよ」といった意思を表示する間投詞.

14. 反対・否定の気持ちを表すフレーズ

(1) **No, I don't think so.**「いいえ，そう思いません」
(2) **I'm afraid not.** 「残念ですが，そうではありません」
(3) **I can't agree with you on that point.**
「その点に関しては賛成できません」
(4) **Sorry, but I can't go along with you.**
「悪いですけれど，君の意見には賛成できません」
(5) **I'm afraid I have to disagree with you.**
「残念ながら同意することはできません」
(6) **That doesn't make sense to me.**
「私には理解できません」
(7) **Not really.** 「そうでもないよ」
⇨ No よりもソフトな否定表現．気の進まないことをやんわりと断るときにも使える．事情が少し複雑で完全に No ではない場合や，相手の言ったことを控えめに否定したいときに便利．
例 A: Do you want dessert?
「デザートほしい？」
B: Not really. I ate too much for dinner.
「そうでもないよ．夕食を食べすぎたんだ」
(8) **Not in the least.** 「全然そんなことない」
⇨ 相手の意見や疑問をきっぱりと否定するときに使える表現．in the least「少しも／ちっとも」は否定の not を強調している．
例 A: Were you bored during the lecture?
「講義は退屈だった？」

　　　　　B : Not in the least.
　　　　　　　「全然そんなことないわ」
（9）**Hmm.**　　　　　　　　「う～ん」
　　　🔖 不同意，ためらい，疑いなどを表す．
（10）**That's not a good idea.**　「それはいい考えじゃないね」
　　　🔖 相手の提案にあまり賛成しない意図を表すフレーズ．
（11）**I'm not so sure about that.**
　　　　　　　「それはどうかしら，それについてはそんなに確信がない」
　　　🔖 相手の提案に対して賛成しない意図を表す．

---

15. 相手への質問を表すフレーズ
（1）**How do you like it?**　　「それを気に入っていますか？」
（2）**How come? / Why?**　　「なぜ？／どうして？」
（3）**What do you do?**　　「ご職業は何ですか？」
（4）**What do you think of ~ ?**　「～についてどう思いますか？」
（5）**What are you doing?**　「今何をしているんですか？」
（6）**What's the matter? / What's wrong with you?**
　　　　　　　　　　「どうしたんですか？」
（7）**How do you know?**　　「どうしてわかるんですか？」
（8）**What's your point?**　　「何が言いたいのですか？」
（9）**What for?**　　　　　　「何のために？／なぜ？」
（10）**Why is that?**　　　　「どうして？」
　　　🔖 発言を裏づける理由や考え方についての説明を求める表現．that は直前の相手の発言を指すため，「相手の発言に対して」質問していることを明らかにできる．
　　　📘 A : I hate John.
　　　　　「ジョンのこと嫌いだわ」
　　　　B : Why is that? He seems nice.

「どうして？ 彼はいい人そうだけど」
（11）**How so?** 「どんなふうに？」
> 前の発言を受け，相手からさらに詳しい情報を得るために使うくだけた表現．How is it that what you just said is so?「あなたが今言ったことがそうであるのはどういうわけなの？」の省略．

例 A: That movie was terrible.
「あの映画はひどかったよ」
B: How so?
「どんなふうに？」

（12）**Do you see?** 「わかりますか／わかるよね」
> 相手に理解の確認をとるフレーズ．

（13）**Are they? / Are you? / Do you? / Did you?** 「そうなの？」
> 相手の言ったことに対する確認のフレーズ．

例 A: British road signs are a bit different.
「イギリスの道路標識は少し違うんだ」
B: Are they?
「そうなの？」

（14）**What do you mean?** 「どういう意味なの？／何が言いたいの？」
> 相手の言った言葉の意味がよくわからない，どういうつもりで言っているのかがわからないときに使うフレーズ．驚き，不満，いらだちを表す．

---

16. 不愉快な気持ちを表すフレーズ

（1）**Beats me.** 「わからないよ」
> I don't know. と同じ意味のくだけた返答フレーズ．

例 A: Do you know when Mike will be back?
「マイクがいつ戻ってくるか知ってる？」

　　　　B : Beats me. I didn't even know he was out of the classroom.
　　　　「わからないよ．彼が教室にいないのも知らなかったよ」
（2）**Give me a break.**　　　「勘弁してよ」
（3）**I beg your pardon.**　「失礼ですが」
　　➡ 見知らぬ人に声をかけるとき，また相手の発言に反論したりするときに使える．相手の発言が聞きとれなかったような場合は，(I beg your) Pardon? と文末のイントネーションを上げる．
　　例　A : This is my seat, Row 26 B.
　　　　「この26列 B は僕の席です」
　　　　B : I beg your pardon. This is Row 25.
　　　　「失礼ですが，ここは25列です」
（4）**Again?**　　　　　　「また?」
　　➡ くだけた表現．「またなの?」といった驚きや怒り，いやな気持ちなどを込めて言うことが多い．
　　例　A : I'm sorry, but I'm going to be late for dinner.
　　　　「申し訳ないけど，夕食の時間に遅れるよ」
　　　　B : Again?
　　　　「また?」

17. その他のあいづち表現

（1）**Could be.**　　　　「そうかもね」
　　➡ Yes か No かをはっきりさせずに，あいまいに返事をしておきたいときや，直前の発言に真っ向から反対するのを避けたいときに便利な表現．
　　例　A : Look! He must be our new boss.
　　　　「見て! 彼が私たちの新しい上司に違いないわ」
　　　　B : Could be.

　　　　　　　　　　「そうかもね」
（2）**I mean it.**　　　　　「マジだよ，本気だよ」
（3）**I get it. / I see. / I understand what you mean.**
　　　　　　　　　　「なるほど，わかった」
（4）**I bet ~**　　　　　　「きっと~だ」
　　⇨ 相手の発言に対する同感を示すフレーズ．
（5）**Hang on a minute.**　「ちょっと待って」
　　⇨ 主に相手の話の途中で用いる．
（6）**Never mind.**　　　　「気にしないで／かまわないで」
　　⇨ 相手に対する「それはたいしたことじゃない／心配しなくていいよ」という意図を表す表現．
（7）**Yeah.**　　　　　　　「はい，うん」
　　⇨ Yes と同じ．Yes よりくだけたぞんざいな表現で丁寧さに欠ける表現．
（8）**Sort of. / Kind of.**
　　　　　　　　　　「まあね／そんなとこだね／多少／いくぶん／ちょっと」
　　⇨ 相手の発言に対して一部分はあたっているかもしれないが，正確には言いえていないときに使うフレーズ．ほとんどの場合，but がつづく．
（9）**It was great.**　　　　「それはとってもよかった」
　　⇨ たとえば，「いいパーティーだったね」といった相手の感想に対するあいづち．

例題を解いてみよう!!

例題1

次の会話の　1　～　3　に入れるのに最も適当なものを，それぞれ下の①～④のうちから1つずつ選べ．

(1) Joe : Why don't we try Mexican food tonight? I know a good restaurant.
　　Kim : Great!　1
　　Joe : Well, we have to take the subway to Honmachi. The restaurant's just across the street from the station.
　　① How do we get there?
　　② How about going together?
　　③ How often do you go there?
　　④ How far does the subway go?

(2) Osamu : It's very hot and humid today. Will it be any better tomorrow?
　　Betty　 : I heard that it's going to be even worse!
　　Osamu :　2
　　① I'm sorry that it's going to be cooler.
　　② That's too bad. I like humid weather.
　　③ It's a shame that it's so dry.
　　④ Oh, no. I'm planning to go hiking.

(3) A : How long have you been playing tennis?
　　B : For about four years.
　　A : You've got a great serve!
　　B :　3
　　① It isn't my turn to serve.
　　② No, I've got to serve first.
　　③ Thanks. I've been practicing a lot.
　　④ Yes, I have to practice much more.

攻略のポイント

（1） ジョーがキムを食事に誘っているシーン．　1　のあとのジョーの発言に注目．そのレストランまでの行き方を説明しているので，①の「どうやって行くの?」が正解．②「一緒に行かない?」，③「よく行くの?」，④「地下鉄はどこまで行っているの?」はどれも文脈に合わない．How often ～ は回数・頻度をたずねる表現，How far ～ は距離をたずねる表現．

　　訳は次の通り．
　　ジョー：今夜はメキシコ料理なんてどうだい? いいレストランを知っているんだ．
　　キム　：すてきね! どうやって行くの?
　　ジョー：ええと，本町まで地下鉄に乗らなきゃいけない．そのレストランは駅から通りをへだててちょうど真向かいにあるんだ．

（2） オサムとベティが天気について話しているシーン．「今日はとても暑くてむしむしする．明日はマシになるだろうか」とオサムが言っていることから，次の日は天気が良くなることを期待していることがわかる．それに対しベティは天気が悪くなることを伝えているので，④の「何だって．ハイキングに行く予定なのに」が正解．①「寒くなるのは残念だね」，②「それは困った．僕はじめじめした天気が好きなんだ」，③「こんなに乾燥していて残念だ」はどれも文脈に合わない．I'm sorry that ～「～で残念だ」，That's too bad.「それはお気の毒さま／それは残念」，It's a shame that ～「～なのは残念だ」

　　訳は次の通り．
　　オサム：今日はとても暑くてむしむしする．明日はマシになるだろうか．
　　ベティ：もっとひどくなるって話よ．
　　オサム：何だって．ハイキングに行く予定なのに

（3） Aが「サーブがすごくいいですね」とBをほめたのに対して，Bがどう返答したかを考える問題．③はAのほめ言葉に対してまず感謝し，うまくなった理由を述べているので，最も適切と判断できる．①「私がサーブする番ではありません」，②「いいえ，最初に私がサーブしなくては」，④「はい，もっと練習しなければいけません」はどれも文脈に合わない．one's turn「～

の順番」，have got to V「Vしなければいけない」

訳は次の通り．

A：テニスの経験はどのくらいですか．
B：4年くらいです．
A：サーブがすごくいいですね！
B：ありがとう．ずいぶん練習してきましたから

解答 1 ①　2 ④　3 ③

例題2

次の会話の 1 ～ 3 に入れるのに最も適当なものを，それぞれ下の①～④のうちから1つずつ選べ．

(1) Jack : I'm hungry. Shall we go for lunch now?
　　Ken : There isn't time. The meeting is about to start.
　　Jack : 　1　
　　Ken : That's right. Let's hurry. Everyone must be waiting.
　　　① Why will we be late for the meeting?
　　　② When did it start?
　　　③ What? No lunch today?
　　　④ Where would you like to eat?

(2) Kate : John and Mary Brown just had a baby!
　　Mako : 　2　
　　Kate : Yes, isn't it? I'm really happy for them.
　　　① I didn't know about it!
　　　② That sounds interesting!
　　　③ What a great idea!
　　　④ That's wonderful news!

(3) A : I bought ten kilos of tomatoes at the market today.
　　B : Ten kilos! Why so many? What are you going to do with them?
　　A : I don't know. 　3　
　　B : No thanks. I'm not crazy about tomatoes, to tell the truth.
　　　① Can you tell me how to make tomato soup?
　　　② Did you buy something else?
　　　③ Have you got a big basket to put them in?
　　　④ Would you like some of them?

Part4. "医学部に出る" 対話文完成問題　219

攻略のポイント

(1) ジャックがケンをお昼ご飯に誘っているシーン．ジャックがケンを誘うも，ケンはミーティングが間もなく始まるから時間がないと言う．ポイントは，空所の直後でケンが「そうだよ．急ごう．みんな待っているに違いないから」と言っていること．このことからミーティングに急ぐということがわかるので，答えは③「何だって？ 今日は昼ご飯抜きなの?」となる．①「なぜ会議に遅れるのだろう?」，②「いつ始まったの?」，④「どこで食べたい?」はどれも文脈に合わない．be about to V「まさに V しようとしている」

　　訳は次の通り．
　　ジャック：お腹が空いた．これから昼ご飯を食べに行こうか．
　　ケン　　：時間がないよ．すぐにミーティングが始まるんだ．
　　ジャック：何だって？ 今日は昼抜きなの?
　　ケン　　：そうだよ．急ごう．みんな待っているに違いないから．

(2) 空所のあとの受け答えに注意しよう．Yes, isn't it? は，相手の発言に同意を表すあいづちである．isn't it? という付加疑問文はその前の文の動詞が be 動詞であることを示しているので①，②は論外．③「いい考えだ!」は文脈上，不適切．よって，④「すばらしい知らせだわ!」が正しい．①「知らなかった!」，②「面白そう!」

　　訳は次の通り．
　　ケイト：ジョンとメリー・ブラウン夫妻に子どもがちょうど生まれたわよ!
　　マコ　：すばらしい知らせだわ!
　　ケイト：そうよ，そうでしょう．2人のことは本当にうれしいわ．

(3) A が「トマトを10キロ買った」と言ったのに対して，B が「そのトマトをどうするつもりなの」とたずねている．それに対して，A が「わからないわ」と言い，つづいて何を言ったかを考えることになる．空所のあとで，B が「いえ，いらないわ」と断りの言葉を述べていること，またさらに「トマトは好きではない」という断る理由を述べていることから，A は何かの申し出を述べたと考えられる．よって，買い込んだトマトを少しもって行かないかと勧めている表現，④「いくらかいかがですか」が正解となる．Would you like some

220

of ～?「～をいくらかいかがですか」．①「トマトスープの作り方を教えてくれる?」，②「他に何か買ったの?」，③「それを入れる大きなかごをもってるの?」

訳は次の通り．
　A：今日，市場でトマトを10キロ買ったのよ．
　B：10キロですって！ どうしてそんなにたくさん？ そのトマトどうするつもりなの．
　A：わからないわ．少しどう?
　B：いえ，いらないわ．実はトマトは好きじゃないのよ．

解答　1　③　2　④　3　④

例題 3

次の会話の 1 ～ 3 に入れるのに最も適当なものを，それぞれ下の①～④のうちから1つずつ選べ．

(1) Keiko ： 1
　　Susan ： Hello, Kazuo. It's good to meet you.
　　Kazuo ： Nice to meet you, too.
　　Keiko ： Kazuo's one of my oldest friends.
　　① I'm happy to see you.
　　② Susan, I'd like you to meet Kazuo.
　　③ I'd like to introduce myself.
　　④ Say hello to Susan for me, Kazuo.

(2) Janet ： When do we have to hand in the report?
　　Ichiro ： I don't remember. 2
　　Janet ： Oh, good. Could you let me know what you find out from her?
　　① I'll go and ask the teacher.
　　② Did the teacher already tell us?
　　③ I don't know when it's due.
　　④ I've just started it.

(3) A ： I hope it doesn't rain today. I've lost my umbrella.
　　B ： 3
　　A ： I think I left it in the restaurant, but I'm not sure.
　　① How did that happen?
　　② What did you take it with you for?
　　③ Who did you lend it to?
　　④ Why did you do that?

攻略のポイント

（1） 空所のあとが，スーザンとカズオの初対面の対話になっていることに注意する．□1□のあとで交わされているスーザンとカズオの対話は，紹介後の挨拶なので，□1□はケイコがスーザンにカズオを紹介したのだと考えられる．よって，正解は②「スーザン，カズオを紹介するわ」．① I'm happy to see you.「お会いできてうれしい」は，すでに顔見知りの人に対する挨拶．③「自己紹介します」，④「カズオ，スーザンによろしくね」はこの文脈には合わない．

　　訳は次の通り．
　　ケイコ　　：スーザン，カズオを紹介するわ
　　スーザン　：こんにちは，カズオ．よろしく．
　　カズオ　　：こちらこそ．
　　ケイコ　　：カズオは私の昔からの友人なのよ．

（2） ジャネットとイチローが，レポートの提出に関して会話しているシーン．両者とも，いつが締切なのか覚えていないことが最初の2文でわかる．しかし，ジャネットが最後に「いいね．彼女から何かわかったら教えてね」と言っていることから，他の人物が登場していることがわかるので，ここで③と④が消える．さらに文脈から，②を消すことができる．よって答えは，①の「先生に聞きに行ってこよう」となる．hand in the report「レポートを提出する」，let ~ know …「~に…を知らせる」，find out「（何かについての情報を）得る」，due「提出期限がきた」．②「先生はもう私たちに話したの？」，③「いつまでか知らない」，④「始めたばかりだ」

　　訳は次の通り．
　　ジャネット　：レポートはいつ提出しなければならないの？
　　イチロー　　：覚えていないんだ．先生に聞きに行ってこよう
　　ジャネット　：それは助かるわ．わかったら教えてね．

（3） Aが「傘をなくしちゃったんだ」と言ったのに対して，Bの空所のあとに，Aが「レストランに置き忘れたと思う」と答えている．この返答から①の「どのようにしてそれが起こったんですか」が最も適切と考える．これは「傘を

なくしたときの様子」をたずねているので，直後のAの言葉と合う問いかけとなっている．②「何のためにそれをもっていったの」，③「誰にそれを貸したの」，④「なぜそんなことをしたの」はどれも文脈に合わない．

訳は次の通り．

A：今日は雨が降らないといいな．傘をなくしちゃったんだ．
B：どうしてなくしたの
A：レストランに置き忘れたと思うんだけれど，わからないんだ．

解答 1 ② 2 ① 3 ①

例題 4

次の会話の 1 ～ 3 に入れるのに最も適当なものを，それぞれ下の①～④のうちから1つずつ選べ．

(1) A : Have you read *The Hooper Bridge*?
    B : The best seller? Yes, I've read it. Have you?
    A : Not yet. 1
    B : Not really. I don't understand why so many people like it.
    ① Didn't you read it?
    ② Do you think it's worth reading?
    ③ Isn't it a best seller?
    ④ Will you lend me a copy of it?

(2) A : What did you think of the movie?
    B : 2
    A : Me neither.
    ① Actually, I didn't really enjoy it.
    ② To be honest, I hated it.
    ③ To tell the truth, it wasn't very good.
    ④ Well, I really loved it.

(3) A : May I help you?
    B : 3
    A : Well, if you need help later, please let me know. My name's Mary.
    B : Thanks. I'll do that.
    ① Could you tell me how much this costs?
    ② Thank you, but I'm just looking.
    ③ Where is the cafeteria?
    ④ Yes, please. I'd like to try on this skirt in a size 8.

攻略のポイント

（1）あるベストセラーの本を読んだかどうかを A が B にたずねる．それに対して，B は「読んだ」と答え，逆に A に対して読んだかどうかをたずねているシーン．B が Not really. と A の問いかけに対して否定的な答えを返し，つづいて「どうしてそんなに多くの人が気に入っているのかわからない」と言っていることから，②「それは読む価値があると思いますか」を A の言葉とするのが適切である．it's worth reading の it はベストセラーの本を指している．①「それを読まなかったの?」，③「それってベストセラーでしょ?」，④「それを1冊貸してくれませんか?」は文脈に合わない．

　　訳は次の通り．
　　A：『フーバーブリッジ』を読んだの?
　　B：あのベストセラー? うん，読んだよ．君は?
　　A：まだなんだ．読む価値があると思う?
　　B：いや，そうは思わないよ．どうしてそんなに多くの人が気に入っているのか，わけがわからないね．

（2）A が B に映画についての感想をたずねているシーン．空所のあとの Me neither「僕もそうだよ」に注目する．neither を発するとき，前の人の発言は否定的な発言（否定文）になっていることが原則．否定文は①と③のみ．Me neither は，I didn't enjoy, either. の会話調の表現なので，③の it was ～では受け答えが成立しない．よって，正解は①．他の選択肢は，②「正直言うと，それは大嫌いだ」，③「本当のこと言うと，それはあまりよくなかった」，④「うーん，本当に大好きだったよ」

　　訳は次の通り．
　　A：その映画についてどう思いますか?
　　B：実はあまり面白くなかったんだ
　　A：僕もそうだよ．

（3）May I help you? は「いらっしゃいませ／何にしますか」という意味で，店でお客に店員が言う挨拶のフレーズ．A が店員の言葉だとわかると正解を選びやすい．空所のあとの店員の言葉から，①「これはいくらするのか値段を

教えてくれませんか?」,④「はい,お願いします.サイズ8のこのスカートを試着したいんですが」でないことはすぐわかるはず.「今は,ちょっと見るだけ」という②が正解.③は「カフェテリアはどこですか」

訳は次の通り.

A：いらっしゃいませ.
B：どうも,ちょっと見るだけですから
A：それじゃ,あとで御用がおありでしたら,お知らせください.私はメアリーと言います.
B：どうもありがとう.

解答 1 ②　2 ①　3 ②

演習問題

演習問題1　普通　解答時間：5分

次の会話文（A）～（D）の空欄（a）～（i）に最も適切な文を，1-12の中から1つ選び，番号で答えなさい．ただし，同一文は一度だけとする．

(A) K: Would you mind showing me how to use this computer?
　　M: What do you want to do with it?
　　K: I'm trying to put an underline here.
　　M:（a）
　　K: I have to be shown three times before I can remember it.
　　M: Line up the cursor, then press this key here.
　　K:（b）

(B) K: How about having dinner together tonight?
　　M:（c）
　　K: OK. How about tomorrow?
　　M: I'm sorry, I have a date then.
　　K: Well, I'm going to visit a museum the following weekend. Would you like to join me for that?
　　M:（d）

(C) K: Is Mary there?
　　M: No, she isn't. This is her roommate. Who's calling, please?
　　K:（e）
　　M: I don't know.
　　K:（f）
　　M: O.K.

228

(D) K: Can I have a motorcycle when I get old enough?
　　M:（g）
　　K: What do I have to do?
　　M:（h）
　　K: Will you show me all of them?
　　M: Sure.
　　K: Is it hard?
　　M:（i）

1. If you take care of it.
2. Lots of things. You've been watching me.
3. That sounds interesting.
4. Would you mind if I didn't? I'm awfully tired.
5. Thank you! I'll probably ask you again tomorrow.
6. This is Jack. Will she be back soon?
7. Not if you have the right attitudes.
8. I'll show you tomorrow.
9. Would you tell her I called, please?
10. I just showed you yesterday.
11. Nothing to do.
12. You had better talk about it.

[関西医科大学・医学部]

解答

(a) 10　(b) 5　(c) 4　(d) 3　(e) 6
(f) 9　(g) 1　(h) 2　(i) 7

> 解説

(A) （a）は，Kの3回目の発言に「3回は聞かなければ覚えられない」とあることから，以前に教えたことを言い表す内容の選択肢を選ぶ．10の選択肢の中にshow「教える」という動詞が入っていることに注目．

　（b）は，会話の最後の部分であり，前文の内容は，コンピュータの使い方を言い表しているので，教えてもらったことに対しての「お礼の文」を選ぶ．

　訳は次の通り．

　K：このコンピュータの使い方を教えてくれる？
　M：コンピュータで何がしたいの？
　K：ここに下線を引こうと思っているのだけど．
　M：昨日教えたところでしょ
　K：覚えるまで3回は教えてもらわないとだめなんだ．
　M：カーソルを合わせてこのキーを押すといいのよ．
　K：ありがとう！ また明日もう一度たずねるかもしれないよ

(B) （c）は，直後に How about tomorrow?「明日はどう？」という提案をしているので，断りの表現を探すのがポイント．Would you mind if I didn't? は「～しなければいやがりますか？」→「勘弁してくれ」という疑問文．

　（d）は，直前で「一緒に行かない？」と誘っているので，「それ，面白そうね」を選ぶ．

　訳は次の通り．

　K：今晩一緒に食事しない？
　M：今日は勘弁して．私はとても疲れているの
　K：わかった．明日はどう？
　M：ごめん，明日はデートよ．
　K：それじゃあ，来週の週末に美術館に行くことになってるのだけど，一緒に行かない？
　M：それ，面白そうね

(C) （e）は，直前で M が Who's calling?「どなた様ですか？」とたずねているこ

230

とから，This is ～「こちらは～です」と，電話で名前を名乗る表現を選ぶ．

（f）は，I don't know.「わからない」と言っていることに対し，電話をかけたことを伝えるようにと頼んでいる文を選択する．Would you ～ ? は「～してくださいますか？」という表現．

訳は次の通り．

K：メアリーはいますか？

M：いいえ，いません．私は彼女のルームメートです．どちら様ですか？

K：こちらはジャックです．彼女はすぐに戻ってきますか？

M：ちょっとわからないですね．

K：彼女に僕から電話があったことを伝えてくれますか？

M：ええ，わかりました．

(D) （g）の前文は Can I have ～ ?「～を手に入れてもいい？」という許可の表現で始まっている．自分のバイクをもつことの許可を求めているのに対して，条件を出している文を選ぶ．

（h）の前文は，What do I have to do?「何をしたらいいの？」というように名詞を求める質問．lots of ～は「たくさんの～」という表現．

（i）は，Is it hard?「難しいか」という質問に対する答えを考える．

訳は次の通り．

K：自分のバイクをもってもいい年齢になったら，バイクもっていい？

M：もし手入れをするならね

K：何をしたらいいの？

M：たくさんあるよ．見て知ってるだろ

K：全部教えてよ．

M：いいとも．

K：難しいこと？

M：正しい心がまえがあれば難しくないよ

演習問題2

普通　解答時間：**4分**

次の英文(1)～(5)の応答として最も適切なものを，それぞれ下記の(A)～(D)の中から1つずつ選び，その記号を答えなさい．

(1) Now, what seems to be the problem, Ms. Nickson?
　(A) I'm really terrible.
　(B) I can't find what to say.
　(C) I've been very dizzy lately.
　(D) It seems that she can answer it.

(2) You know a good physician, don't you?
　(A) Yes, I do. She has a practice in the neighboring town.
　(B) No, I am one of her patients.
　(C) Yes, he is good at science.
　(D) Sure. There are a lot of druggists in this hospital.

(3) I can't tell you what a pleasure it was to meet you.
　(A) I'm very grateful to you.
　(B) I understand, that's all right.
　(C) I can't express my token of gratitude.
　(D) I'm glad we had the chance to meet.

(4) Has he been vomiting?
　(A) All morning long.
　(B) In a couple of days.
　(C) No, he's been doing.
　(D) Yes, I hope not.

(5) Why don't we go out for dinner tonight?
　(A) I was thinking about ordering pizza.
　(B) Because there is a good Mexican restaurant nearby.
　(C) I would rather not think about them.
　(D) For we have been very busy today.

[久留米大・医学部]

解答

(1) (C)　　(2) (A)　　(3) (D)　　(4) (A)　　(5) (A)

解説

(1) What seems to be the problem?「どうなさいましたか?」は医師が患者に対して問診するときのフレーズなので，症状を説明する(C)を選ぶ．dizzy は「目眩がする／目が回る／フラフラする」の意味．

　他の選択肢の訳は次の通り．
　「ところで，どうなさったのですか，ニクソンさん」
　(A)「私はかなり悲惨な状態です」
　(B)「私は，何と言うべきかわかりません」
　(C)「私は最近非常に目眩がするのです」
　(D)「彼女はそれに答えることができるように思えます」

(2) リード文は，「よい医者を知っていますよね」というように相手に念押しするための付加疑問文．それに対してふさわしい応答は，(A)の「はい，知っています．彼女は近隣の町で開業しています」が正解．(A)の have a practice は「(医者・弁護士などが)開業している」，(D)の druggist は「薬剤師」の意味．

　その他の選択肢の訳は次の通り．
　(B)「いいえ，私は彼女の患者のうちの1人です」
　(C)「はい，彼は科学が得意です」

　　　　（D）「もちろんです．この病院には多くの薬剤師がいます」
（3）リード文は,「私はあなたに会えて言葉にできないほどうれしかったです」．(A) と (C) は感謝の意を表しているが，ここでは感謝を述べる理由がない．よって正解は，(D)「私たちが会う機会を得られてうれしいです」．(A) の grateful は「感謝している／ありがたく思う／恩を感じる」,(C) の token は「印／証拠／徴候」の意味．

　　　他の選択肢の訳は次の通り．
　　　（A）「私はあなたに非常に感謝します」
　　　（B）「わかります，それは結構です」
　　　（C）「言葉に表せないくらい感謝しております」

（4）リード文は,「彼はずっと吐いていますか」．YES か NO で答えるべき疑問文だが，(C) と (D) は自己矛盾の選択肢．文法上，No のあとには否定文，Yes のあとには肯定文がつづくべき．よって (A)「午前中ずっと」が正解．(A)＝(Yes, he has been vomiting)all morning long. vomit「嘔吐する／吐く／戻す」．(B) の in は「(今から〔時間〕が)たてば」という意味で，時間の経過を示す．

　　　他の選択肢の訳は次の通り．
　　　（B）「2, 3日たつと」
　　　（C）「いいえ，彼はずっとそうしています」
　　　（D）「はい，私はそうでないことを望みます」

（5）リード文は,「今夜夕食に出かけましょう」という勧誘・提案を表す．Why don't we V? は「V しませんか？／V したらどう？」と何かを提案するフレーズ．その提案に対してふさわしい選択肢は，(A)「私はピザを注文しようと考えていました」．(C) の would rather not V は「むしろ V したくない」という意味．

　　　他の選択肢の訳は次の通り．
　　　（B）「近くに，おいしいメキシコ料理のレストランがあるからです」
　　　（C）「私はそれらに関してはむしろ考えたくありません」
　　　（D）「というのは，私たちは今日非常に忙しかったからです」

演習問題3

次の英文(1)〜(5)の応答として最も適切なものを，それぞれ下記の(A)〜(D)から1つずつ選びなさい．

(1) Why didn't you tell me about the changes earlier?
　(A) Thank you so much.
　(B) I didn't have a chance.
　(C) Because I asked you to do it.
　(D) No, there will be changes.

(2) What's your favorite kind of sport?
　(A) I don't like any one best.
　(B) There's a ball park just down the road.
　(C) I was looking forward to watching a basketball game.
　(D) Batter up.

(3) Are you expecting someone?
　(A) It's probably just the milk man.
　(B) No, you should say anyone.
　(C) I don't expect much from Ben these days.
　(D) Guess when.

(4) Aren't we having nice weather?
　(A) We said so.
　(B) Japanese people like to talk about weather.
　(C) It's a little on the cool side.
　(D) I'm sorry, but they can't agree with you.

(5) You are one of our regular customers. Just pay next time.
　　(A) Thank you. I was sure I had my wallet with me.
　　(B) Excuse me, but I lost your telephone number.
　　(C) Really? It was kind of you to say such a thing.
　　(D) I'm a stranger, too. See you soon.

[久留米大・医学部]

解答

(1) (B)　(2) (A)　(3) (B)　(4) (C)　(5) (A)

解説

(1) 「変更があるならどうしてもっと早く教えてくれなかったの？」は，理由をたずねる問題．(B)の(Because) I didn't have a chance.「機会がなかったんだよ」が正解．(A)「どうもありがとう」，(C)「私が君にそれをしてくれるよう頼んだからだ」，(D)「いいえ，変更があるでしょう」

(2) 「あなたの一番好きなスポーツは何ですか」に対して，具体的なスポーツ名が出ていないので(A)の「とくにありません」を選ぶ．(B)「ちょうど道を下ったところに野球場があります」，(C)「バスケットボールの試合を見ることを楽しみにしていました」，(D)「痛めつけろ」

(3) 「誰か(someone)を待っているんですか？」という疑問文に対して，消去法で考える．(A)「たぶんただの牛乳配達人だよ」，(C)「近ごろはベンにはあまり期待をかけていない」，(D)「いつなのかあててごらん」はいずれも不可．よって正解は，(B)「いや，anyoneと言うべきだね」

(4) 「いい天気になりそうじゃない？」という疑問に対して，(A)「そう言ったんだよ」，(B)「日本人は天気の話が好きだね」(ここで，国民性の話題は不適切)，(D)「残念ですが，彼らはあなたと意見が一致しません」はいずれも不適切．よって，(C)「若干冷えるよ」を選ぶ．(to) be a little on the ～ side「多少

～」
（5）「あなたは常連客です．まあ今度お支払いください」に対して，(A)「ありがとう．財布をもってると確信してたんです」が正解．(C) は過去時制になっていることに注意．リード文は現在形なので不可．(B)「すみませんが，あなたの電話番号をなくしました」，(C)「本当に？ そう言ってくれるのはご親切なことでした」，(D)「私もここは不案内です．じゃあまたお会いしましょう」

演習問題4　やや難　解答時間：4分

次の会話中の（1）〜（5）に入れるのに最も適切な表現を1つずつ選び記号で答えなさい．

A : How are we doing today?
B : I have a pain in the back of my thigh.
A : Show me where it hurts.
B : Right here.
A : When did it start hurting?
B : Well, I was playing tennis last Sunday. In the middle of the game, I missed an overhead shot.（1）．
A : You didn't do enough stretching and warming-up before you started, did you? I think you strained a muscle. Just stay away from the court for a couple of weeks. I'll also put you on medication, which helps to reduce inflammation.
B : Oh,（2）. I finally got out and tried to exercise and（3）．
A : This happens all the time to weekend athletes. If you play more regularly, then your muscles will gradually build up, so they can absorb more shock or strain. But for a while,（4）. It's nothing serious.（5）and you'll be back playing in no time.

1. A. That's because it hurt
   B. That's what it caused
   C. That's when it started
   D. That's how I played
   E. That's why I came to see you

2. A. such is life
   B. talk is cheap
   C. get over it
   D. it's not so bad
   E. I'm up for it

3. A. take what you see
   B. understand what you see
   C. look what happened
   D. see what I did
   E. know what I mean

4. A. you should see it seriously
   B. you will make it soon
   C. you have to take it easy
   D. you must go through with it
   E. you can get it over

5. A. If you take a good rest
   B. You'd better not take care of yourself
   C. Stay away from the hospital
   D. You should call an ambulance
   E. Just be patient for a while

[昭和大・医学部]

解答

1 C　2 A　3 C　4 C　5 E

解説

筋肉を痛めた患者と医師の会話.

1. (1)を含む患者のセリフの前に，医師が「いつから痛み出したのか？」とたずねているので，Cの「そのときに痛み出しました」が正解．CのThat's when S V（過去形）「そのときに〜した」のwhenは関係副詞で，先行詞のthe timeが省略されている．

2. 医師の「2週間ほどはテニスをしてはいけませんね」というアドバイスに対する患者のセリフとして，such is life. は「人生とはそういうものだ，仕方がない」を選ぶ．C. get over it「それを克服しろ」，E. I'm up for it「私はそれに対して乗り気ですよ」

3. I finally got out and tried to exercise and look what happened. のlook what happenedは命令文で，「ようやくトライした結果が，見てください（このざまですよ）」という意味．exerciseのあとのコンマが抜けているが，もし症状を確認するために「見た」のであればlook atとなる．look what happened「何が起こったかを確かめる」

4. Butの前では，このようなことがよく起こることだという説明があり，そのあとで，しばらくの間あせらないで辛抱すればやがて復活できるとつづいていく話の流れをつかむこと．空所の直後にIt's nothing serious.「とくにたいしたことはありません」と述べているので，それと同義的な選択肢として，Cの「気軽にやってください」を選ぶ．take it easyは「あせらない／気楽にやる」という意味．

5. 4の空所から流れを受けて，Just be patient for a while「しばらくはじっと我慢しておきなさい」を選ぶ．be patientは「我慢している／辛抱している」という意味．〈命令文＋and …〉は「〜しなさい，そうすれば…」という意味．

　　訳は以下の通り.

A：今日はどうなさいましたか．

B：太股の後ろあたりに痛みがあるんですが．

A：どこが痛むのか指していただけますか．

B：ちょうどここです．

A：いつから痛み始めたのですか．

B：ええと，先週の日曜日にテニスをしていたのですが，試合の最中にオーバーヘッドショットを打ちそこなったんです．そのときから始まりました．

A：始める前に十分なストレッチと準備運動をしなかったのではないですか．筋肉を痛めたのだと思います．2週間ほどはテニスをしてはいけませんね．薬も処方しておきましょう．炎症を抑えるのに役立ちますから．

B：ええ，仕方がないですね．ようやくトライした結果が，見てください（このざまですよ）．

A：このようなことは週末に運動をする人にはよく起きることです．もしあなたがもっと定期的に運動すれば，筋肉も次第についてきて，より衝撃や緊張を吸収することができます．でも，しばらくの間は無理をしてはいけません．別に深刻なものではありません．しばらく辛抱すれば，じきにまた運動できますよ．

演習問題5

AとBの各対話が完成するように，下線部に最も適したものを，ア〜エの中から選んで，記号で答えなさい．

1. A : Are you ready to order, sir?
   B : Yes, I'd like a steak, please.
   A : ＿＿＿＿＿, sir?
   B : Well done, please.
   　ア．How much do you like
   　イ．What do you think of it
   　ウ．How would you like it
   　エ．How fast would you like it

2. A : How much is this watch?
   B : $125.75.
   A : Good. I'll take it.
   B : ＿＿＿＿＿?
   A : Here's my VISA.
   　ア．Cash or charge
   　イ．Money or card
   　ウ．How do you like your money
   　エ．Do you like to pay now

3. A : May I speak to Mr. Suzuki?
   B : I'm sorry. He is out at the moment.
   A : ＿＿＿＿＿?
   B : Sure, of course.

ア．When is he in the office

イ．Can you put me through to him

ウ．Can you return the call

エ．Can I leave a message

4. A : I'm looking for some men's sweaters.

   B : The men's sweaters are over here. How about this?

   A : _____?

   B : Sure. The fitting room is over there.

   ア．May I see another one

   イ．How does it fit me

   ウ．Can I try it on

   エ．Can you wrap it for me

5. A : You look lost. Can I help you?

   B : Yes. Do you happen to know the store on this map?

   A : No, I don't. I'm sorry I can't help you.

   B : Well, thank you _____.

   ア．all the better

   イ．just next time

   ウ．for everything

   エ．all the same

[関西医科大・医学部]

> **解答**
>
> 1 ウ　　2 ア　　3 エ　　4 ウ　　5 エ

> **解説**

1. 空所のあとに，Well done, please.「よく焼いてください」とあるので，調理法をたずねているウを選ぶ．ウの How would you like ～？は「～はどのように調理しますか？」の意味．

    訳は次の通り．
    A：ご注文はよろしいでしょうか？
    B：はい，ステーキをお願いします．
    A：どのようにいたしますか？
    B：よく焼いてください．
    　ア．「どれくらいの分量をお好みですか？」
    　イ．「いかがでしたか？」（印象をたずねる表現）
    　エ．「どれくらい早いのがよろしいでしょうか？」

2. 最後の発言が，Here's my VISA.「このビザカードでお願いします」で終わっているので，アの Cash or charge?「現金払いにしますか，カード払いにしますか？」が正解．charge は「つけ／請求金額」のことだが，ここでは charge card（＝ credit card）のこと．

    訳は次の通り．
    A：この時計はおいくらですか？
    B：125ドル75セントです．
    A：ではそれをください．
    B：現金になさいますか，カードになさいますか？
    A：このビザカードでお願いします．
    　イ．「現金ですかカードですか？」という場合には使われない表現．
    　ウ．「どのようにいたしますか？」（10ドル紙幣～枚，20ドル紙幣～枚，というように，お金をくずしたいときに使うフレーズ）

244

エ．「今お支払いしますか？」

3. 電話をかけたが，相手が不在のパターン．エの Can I leave a message? は「伝言を残してもよろしいでしょうか？」という意味．Can I take a message ?「伝言を承りましょうか？」も重要な表現．

   訳は次の通り．
   A：鈴木さんと話がしたいのですが．
   B：すみません．今，外出しているのですが．
   A：伝言を残してもよいでしょうか？
   B：はい，もちろん結構です．
   　ア．「彼はいつ社におられますか？」
   　イ．「彼につないでもらえますか？」
   　ウ．「折り返しお電話いただけますか？」

4. The fitting room is over there.「試着室は向こうにございます」に対する質問は，ウの Can I try it on?「試着してもよいでしょうか？」が正解．try ～ on は「～を試着する」という意味．

   訳は次の通り．
   A：男性用のセーターを探しています．
   B：男性用のセーターはこちらにございます．これはいかがでしょうか？
   A：試着してもよいでしょうか？
   B：はい．試着室は向こうにございます．
   　ア．「別のものを見せていただけますか？」
   　イ．「どうでしょうか？」（試着しながら）
   　エ．「それを包装していただけますか？」

5. 力になろうとしてくれたことに対する感謝の気持ちを表す場面なので，Thank you all the same.「でも（とにかく），ありがとう」が正解．

   訳は次の通り．
   A：道に迷っているようですね．お手伝いしましょうか？
   B：はい，この地図に載っているその店をご存知でしょうか？

A：いいえ，知りません．残念ながら，どうもお役に立てないようです．
B：そうですか，でも（とにかく）ありがとうございました．
　ア．「なおさら一層」
　イ．「次回に」
　ウ．「すべてのことに対して」

演習問題6

難　解答時間：**6分**

次の各会話文のかっこの中に入れるのに最も適切な表現をそれぞれ選択肢の中から選びなさい．

1　X : John, this is Mr. Yamada, one of my students we've been talking about. Mr. Yamada, this is John Smith.
　Y : Hello. Nice to meet you.
　Z : Hi. Nice to meet you, too. I've heard a lot about you.
　Y :（　　　）
　Z : On the contrary.
　　A. I don't want to hear anything.
　　B. I hope it's not all bad.
　　C. I don't care what people say.
　　D. I wonder only good things.
　　E. What about me?

2　X : So, will you spend the Christmas holidays with your family this year?
　Y : Well, sort of. I'll spend Christmas with my mother and stepfather, then I'll spend New Year's Eve with my father and his girlfriend.
　X : Huh?
　Y : My parents are divorced.
　X : Oh, I'm sorry . . . I didn't know . . . how rude of me.
　Y : Don't be silly.（　　　）Anyway, it's nothing to be sorry about.
　　A. How come you forgot it?

Part4．"医学部に出る"対話文完成問題　247

B. How could you have known?
　　C. How dare you say such a thing?
　　D. How is it that you didn't know?
　　E. How does it feel to be involved in our problems?

3　Salesperson : Will that be cash or charge?
　　Customer　　: Can I pay by traveler's check?
　　Salesperson : I'm afraid not. We don't accept any kind of check.
　　Customer　　: Is that so ? Well then, I'll pay by credit card.
　　　　　　　　　（　　　　）
　　Salesperson : Yes, that's fine.
　　A. Are you fine with this card?
　　B. Can this card pay?
　　C. Is this card any problem?
　　D. Is this card in time?
　　E. Will this card do?

［昭和大・医学部］

解答

1　B　　2　B　　3　E

解説

1. 空所の前で，「あなたのことはずいぶんうかがっています」とあり，かつ空所のあとにつづくZの発言が On the contrary.「それどころか，その逆である」となっていることから判断して，Bがふさわしい選択肢．

　訳は次の通り．

　X：ジョン，こちらが私たちがずっと話をしていた，私の学生の1人である山田さ

んです．山田さん，こちらはジョン・スミスです．

Y: こんにちは，はじめまして．

Z: はじめまして．あなたのことはずいぶんうかがっています．

Y: それがあまり悪いことでないことを願っていますよ

Z: いや，それどころか逆ですよ．

　　A.「何も聞きたくはない」

　　C.「他人の言うことは気にしない」

　　D.「良いことだけかしら」

　　E.「私についてはどうですか？」

2. 空所のあとにつづくYの発言で，Yが許していることから判断する．Bは反語形式の疑問文となっている．「どうしてそんなことがわかりえるでしょうか」→「そんなことあなたにわかるはずもありません」．他の選択肢は，いずれも否定的な発言ばかりで，すべて不可．AのHow come ～ ? は「なぜ～ですか？」の意味．訳は次の通り．

X: それでは，あなたは今年はあなたの家族とクリスマス休暇を過ごすのですね．

Y: そうですね，そうとも言えますね．クリスマスは母と義父と一緒に過ごし，それから大晦日は父と父のガールフレンドと過ごすつもりですから．

X: えっ．

Y: 両親は離婚しているんです．

X: ああ，ごめんなさい．知らなかったもので．ずいぶんひどいことを言ってしまって．

Y: ばかなことを言わないでください．そんなこと君がわかるはずないじゃないですか　とにかく，気にすることはないですよ．

　　A.「なぜあなたはそれを忘れたのですか？」

　　C.「よくもそんなことが言えるね？」

　　D.「一体全体，どうして知らなかったのか？」

　　E.「私たち家族の問題に巻き込まれるってどんな感じですか？」

3. 空所の前で，I'll pay by credit card.「クレジットカードで支払います」とあり，一方，空所のあとで Yes, that's fine.「はい，ご利用いただけます」とあるので，Eの Will this card do?「このカードでもかまいませんか？」が正解．Eの do は「役に立つ／用が足りる」という意味．A は，販売員の受け答えが that's fine. なので不可．B は「このカードは支払えますか？」という日本語になるが，pay は主語が無生物のとき「利益を与える／報いる」という意味で使う．**例** The work pays me ten dollars an hour.「その仕事は1時間で10ドルになる」

 訳は次の通り．

 販売員：現金にしますか，それともクレジットカードにしますか．

 客　　：トラベラーズチェックで払ってもよいですか．

 販売員：申し訳ございませんが，それはできません．どの小切手も使えないのです．

 客　　：そうなんですか．それではクレジットカードで払います．このカードでもかまいませんか

 販売員：はい，それで結構です．

  A.「このクレジットカードで大丈夫ですか？」

  B.（このカードは支払えますか？）

  C.「このカードは問題ですか？」

  D.「このカードは間に合いますか？」

演習問題7 難 解答時間：**6分**

次はアメリカのビジネスの場面における会話文である．空欄（1）～（6）に入る最も適切な文をそれぞれ（ア）～（エ）から選び，記号で答えなさい．

［場面1］
John　　　　　：Good morning.
Receptionist　：Good morning.
John　　　　　：My name is John Prince.（1）
Receptionist　：All right, Mr. Prince. May I ask you to sign in?

（1）（ア）I made a promise to Bob Brown.
　　（イ）I have an appointment with Bob Brown.
　　（ウ）I am reaching an agreement with Bob Brown.
　　（エ）I made an appearance for myself.

［場面2］
Bob　：Good morning, John, how are you?
John：Fine, thank you.（2）
Bob　：Welcome to our company.
John：Thank you.
Bob　：（3）
John：I had a wonderful flight from New York.
Bob　：Great. They are upstairs in the meeting room, so we can head up there and get started with our meeting.
John：Good.

（2）（ア）May I have your coat?

Part4．"医学部に出る"対話文完成問題　251

（イ）Bob, you are a good receptionist.
　　（ウ）Good to see you again, Bob.
　　（エ）I like your business.

（3）（ア）How did you enjoy your business?
　　（イ）Which airport did you depart from?
　　（ウ）Is it nice to be away from New York?
　　（エ）How was your trip?

［場面3］
Bob　　　：Good morning, folks.（4）
Steve　　：Steve Cloud, president of IBT.
Richard　：I'm Richard, welcome to our company.（5）
Melinda　：Melinda Howard, I'm glad to meet you.
Steve　　：Have a seat.
John　　　：Thank you.
Melinda　：（6）
John　　　：Thank you, yes.

（4）（ア）I wouldn't mind introducing John Prince.
　　（イ）Let's have a conversation with John Prince.
　　（ウ）I'd like John Prince to take a seat.
　　（エ）I'd like to introduce John Prince.

（5）（ア）Nice to have you here.
　　（イ）I am happy to be with the president.
　　（ウ）I would rather stay here.
　　（エ）Glad to hire you.

（6）（ア）May I have a cup of coffee?
　　（イ）Would you like to have a cup of coffee?
　　（ウ）Is it time to order a cup of coffee?
　　（エ）Did you have a cup of coffee already?

[昭和大・医学部]

解答

1 （イ）　2 （ウ）　3 （エ）　4 （エ）　5 （ア）　6 （イ）

解説

[場面1]

　Receptionist「受付係」との会話設定なので，1つのビジネスシーンにおける会社訪問の場面．会う約束のある人を訪ねてきたことがわかるので，(1)は(イ)「ボブ・ブラウンさんと会う約束があるんです」を選ぶ．sign in「(到着の)署名をする」

　訳は次の通り．

　ジョン　　：　おはようございます．
　受付係　　：　おはようございます．
　ジョン　　：　ジョン・プリンスと申します．ボブ・ブラウンさんと会う約束があるんです．
　受付係　　：　承知いたしました，プリンス様．ここにご署名いただけますか？
　(1)(ア)「ボブ・ブラウンさんと約束しました」
　　（ウ）「ボブ・ブラウンさんと合意に達しつつあるのです」
　　（エ）「自分で姿を現しました」

[場面2]

　(2)は出会いの挨拶の場面．会えてうれしい，といった受け答えが定番．よって，(ウ)「またお会いできてうれしいです，ボブ」を選ぶ．また，(3)はジョンが直後に旅のことを話しているので，(エ)「ご旅行はどうでしたか？」を選ぶ．

訳は次の通り．

ボブ　　：おはよう，ジョン，元気ですか？
ジョン　：元気です．またお会いできてうれしいです，ボブ
ボブ　　：わが社へようこそ．
ジョン　：ありがとう．
ボブ　　：ご旅行はどうでしたか？
ジョン　：ニューヨークからすてきな空の旅をしてきましたよ．
ボブ　　：よかったですね．みんなは階上の会議室にいますので，われわれもそこへ上がっていって，会議を始めましょう．
ジョン　：わかりました．
(2)(ア)「コートをおもちしましょうか？」
　(イ)「ボブ，君はよい受付係だ」
　(エ)「私はあなたの事業が好きです」
(3)(ア)「仕事はどうでしたか？」
　(イ)「どこの空港から出発したのですか？」
　(ウ)「ニューヨークから離れるのはすばらしいことですか？」

［場面3］
　スティーブ・クラウド氏が自己紹介しているシーンなので，ボブがジョンを紹介していると推察できる．よって，その場にいる人たちに紹介をする場面なので，(4)は(エ)「ジョン・プリンスさんを紹介しましょう」が正解．(5)は足を運んでくれたことに対するお礼の挨拶として，(ア)「おいでいただいて光栄です」を選ぶ．(6)の選択肢から，コーヒーに関する会話．(6)以前にはコーヒーのネタはあがっていないので，未来志向の(イ)「コーヒーを飲みませんか？」を選ぶ．

訳は次の通り．

ボブ　　　：おはよう，みなさん．ジョン・プリンスさんを紹介しましょう
スティーブ：IBT社社長のスティーブ・クラウドです．
リチャード：リチャードです．わが社へようこそ．おいでいただいて光栄です
メリンダ　：メリンダ・ハワードです．お会いできて光栄です．

スティーブ ： おかけください．
ジョン   ： ありがとう．
メリンダ ： コーヒーを飲みませんか？
ジョン   ： ありがとう，お願いします．

(4)(ア)「ジョン・プリンスさんなら，紹介を願いません」
　 (イ)「ジョン・プリンスさんと話をしましょう」
　 (ウ)「ジョン・プリンスさんに座ってもらいたい」

(5)(イ)「社長とご一緒できてうれしいです」
　 (ウ)「私はむしろここにいたいものだ」
　 (エ)「君を雇えてうれしいよ」

(6)(ア)「コーヒーをいただけますか？」
　 (ウ)「コーヒーを注文する時間ですか？」
　 (エ)「もうコーヒーは飲みましたか？」

演習問題8

難 解答時間：**8分**

以下の会話の状況に合うように英訳しなさい．

A :（どうなさいましたか？）

B : I have a sore throat, a cough, a stuffy nose, and also feel very tired.

A : Do you have any other problems?（熱はありませんか？）

B :（ありそうです）

A : How long have you had this?

B : I think I have had（微熱）since yesterday.

A :（熱を測りましょう）（この体温計を脇にはさんでください）Oh, you have a temperature of 38.5. Now, I want to take a look at your throat. Please open up your mouth and say "Ah . . ." Well, your throat is very reddish. Do you cough up phlegm?

B : A bit.

A :（次は，胸の聴診をさせてください）Take a deep breath, please. OK, turn around. Good. The chest is clear, so you don't have to worry too much. You've got an upper respiratory inflammation. You need to take the medicine I will give you and get some rest.

B : All right.

A :（市販薬を含め，何か飲んでいるお薬はありますか？）

B : I'm not taking any.

A : Thank you. Today,（風邪と感染のお薬を3種類，4日分出しますね）One is an antibiotic, the second is a cough medicine and the third is a capsule with a combination of cold remedies.（1日に3回，毎食後1錠ずつ飲んでください）I am giving you an antipyretic, take one tablet if you have a high fever. The combination cold remedy

contains an anti-histamine, so（服用後少し眠く感じられる方もいらっしゃいます）Please be very careful when you drive or operate machinery.
B : Thank you.
A : Hope you will get well soon.

［創作問題］

解答例

「どうなさいましたか?」　What seems to be your problem?
「熱はありませんか?」　How about a fever?
「ありそうです」　I feel like I do have a fever.
「微熱」　a slight fever
「熱を測りましょう」　Let's take your body temperature.
「この体温計を脇にはさんでください」
　　　　Put this clinical thermometer under your arm, please.
「次は，胸の聴診をさせてください」 Let me listen to your chest.
「市販薬を含め，何か飲んでいるお薬はありますか?」
　　　　Are you taking any medications, including over-the-counter drugs?
「風邪と感染のお薬を3種類，4日分出しますね」
　　　　I will prescribe for you three kinds of medications for your cold and infection to be taken over the next four days.
「1日に3回，毎食後1錠ずつ飲んでください」
　　　　Please take one of each, three times a day after each meal.

「服用後少し眠く感じられる方もいらっしゃいます」
>   you may feel drowsy after you take this capsule.

解説

　「どうなさいましたか？」は最初に医師がたずねる言葉で，What seems to be your problem? ここで，What is the matter with you? と言ってはいけない．少々理屈っぽい患者なら「それがわかれば病院には来ないよ」と切り返されてしまうかもしれない．つまり，病気の診断名を医師がいきなり患者にたずねていることになるのだ．よく使われる言い回しとしては，Why are you here today? や Why are you visiting me today? などもある．

　「熱はありませんか？」How about a fever? は，Do you have a fever? や Do you have a temperature? でも良い．

　痰は phlegm が患者さんに理解してもらえる単語である．sputum は専門用語．

　解熱剤は an antipyretic で，形容詞に不定冠詞をつける．the medicine to lower your fever と言うことも多い．

　「市販薬」over-the-counter drugs は，薬局で医師の処方箋なしで買える薬のことだが，日本でよく知られる OTC という略称では外国人には通じない．省略せずに表現するか，non-prescription drugs と言う．

　また，medicine と medication は，ネイティブ・スピーカーの間でもよく混同して使われるようだが，区別しなければならない単語である．本来，medicine は薬（医学という意味もある）で，medication が投薬にあたる．

　以下，全文訳．

A：（どうなさいましたか？）
B：喉が痛くて咳が出ます．鼻もつまっていますし，とてもだるいのです．
A：それ以外の症状はいかがでしょう．（熱はありませんか？）
B：（ありそうです）
A：いつごろからですか．
B：昨日から（微熱）があったように思います．

A：（熱を測りましょう）（この体温計を脇にはさんでください）おや，38度5分ですよ．では，喉を診ましょう．口を開けて，「あー」と言ってください．喉がかなり赤いですね．痰はからみますか．

B：はい，少し．

A：（次は，胸の聴診をさせてください）深呼吸して．はい，向こうを向いてください．ふむふむ，音はきれいですから心配はないでしょう．上気道炎ですね．薬を出しますから，それを飲んでよく休んでください．

B：はい，わかりました．

A：（市販薬を含め，何か飲んでいるお薬はありますか？）

B：いいえ，ありません．

A：では，今日は，（風邪と感染のお薬を3種類，4日分出しますね）これは抗生物質で，これは咳止め，そしてこれは総合感冒薬です．（1日に3回，毎食後1錠ずつ飲んでください）解熱剤も処方しますので，高熱が出たら1錠飲んでください．総合感冒薬には，抗ヒスタミン剤が入っていますので，（服用後少し眠く感じられる方もいらっしゃいます）運転や機械の操作をなさるときはご注意くださいね．

B：ありがとうございました．

A：どうぞお大事に．

Part 5 医学部に出る 慣用表現の問題

出題傾向のPOINT

出題予想「慣用表現」90選

1 揚げ足をとる

➥ 言葉じりをとらえるという意.

(to) jump on someone's careless remarks

➥ 上の英語の直訳は,「人の不注意な表現に文句をつける」. jump on は「飛びかかる」の他に,「人を非難する／こっぴどく叱る」の意味がある.

用例 彼は人の揚げ足をとるのが好きだ.
He likes to **jump on other people's careless remarks**.

2 朝飯前

➥ とても簡単で, 楽々とできること.「屁でもない」「お安いご用です」と同じ意味.

a piece of cake

➥ a piece of cake の直訳は,「ケーキ1切れ」であるが, そこから転じて「簡単なこと」という意になる.「朝飯前」を直訳して, It's before breakfast. と言っても通じない.

類句 quite easy / No problem. / No sweat.
　➥ sweat は「大変な努力／骨の折れる仕事」という意.

用例 そんなこと朝飯前だよ.
It's **a piece of cake**.

3 足下にも及ばない

➡ あまりにも優れていて,とても近づけない,比較にならないという意.

(to) be no match for

➡ 英語のフレーズは,「かなわない」という意.

用例 私の英語力は悦子の足下にも及ばない.
I'**m no match for** Etsuko's command of English.

4 足を洗う

➡ (悪習などを) きっぱり断ち切るという意.

(to) kick the habit

類句 (to) wash one's hands of

用例 あの歌手はついに麻薬から足を洗った.
That singer has finally **kicked the drug habit**.

5 頭が真っ白になる

➡ 予想外のことで,一瞬,思考が停止するという意.

One's mind goes blank.

➡ 「真っ白」といっても white は使われず,blank「白紙の／空白の」が使われる.

用例 急に外国人に話しかけられて頭の中が真っ白になった.
When a foreigner suddenly spoke to me, **my mind went blank**.

6 頭を使う

→ 物事を考えるという意.

(to) use one's head

→ head の代わりに brain も使われる.

用例 もっと頭を使えよ.
Use your head [brain] more.

7 頭を冷やす

→ 熱情や怒りをおさめるという意.

(to) cool off

→ a cool head というと,「冷静な頭脳」という意になる.「落ち着く」という意味では, calm down と言う. 会話では, That's cool.「問題ないよ」がよく使われる.

用例 頭を冷やして, 出直せ!
Cool off and do it again!

8 後がない

→ これきりで, 残された余裕はないこと.

(to) have no more chance

類句 There is nothing more one can do.
用例 三度も失敗したので, もう後がなかった.
After failing three times, **I had no more chance** [there was nothing more I could do].

9 後の祭り

→ 物事がその時機を外して，無益になること．手遅れという意．

It's too late.

類句 (to) miss the boat

⇨ 直訳は「船に乗り遅れる」であるが，転じて「好機を逸する／チャンスを逃す」という意味になる．

You can't change the past.（過去は変えられない）

用例 お前，それは後の祭りだよ．

You **missed the boat**.

10 油を売る

→ むだ話をして時間をつぶす，使用人が用事の途中でサボること．

(to) shoot the breeze

→ shoot は「(光・言葉などを) 放つ／次々と発する」，breeze は「そよ風」の意であるが，shoot the breeze で「油を売る」の意．「油を売る」といっても，sell や oil は使わない．

用例 お前たち，どこで油を売ってたんだ？

Where did you **shoot the breeze**?

11 甘い汁を吸う

→ 他人の労力を犠牲にして利益を得ること．

(to) take the lion's share

→ the lion's share は直訳すると「ライオンの分け前」，つま

Part5. "医学部に出る" 慣用表現の問題 263

り強引に手に入れる獲物の「大部分／一番大きな分け前」ということ．転じて「甘い汁」になる．

用例 この取引では，お前1人に甘い汁を吸わせないぞ！
I won't let you **take the lion's share** in this trade.

12 飴と鞭

➥ 相手をおだててその気にさせる一方で，厳しく管理して，仕事などをさせる手段のこと．

the carrot and the stick

➥ 日本語では「飴と鞭」が使われるが，英語では馬を調教したり走らせたりするときに与える好物の「ニンジン」と，言うことを聞かないときに叩く「棒切れ（鞭のこと）」が使われる．

用例 斉藤先生は飴と鞭で英語を教えてくれた．
Mr. Saitoh used both **the carrot and the stick** in teaching English.

13 生かすも殺すも

➥ 能力や性能などを十分に発揮させるのも，発揮させないのも，という意．

(to) take a chance or not

➥ take a chance は「機会をつかむ」の意．

用例 このすばらしいチャンスを生かすも殺すも君次第だよ．
It's up to you whether you'll **take this great chance or not**.

14 息抜きに

→ 緊張から解放されて，しばらく休むこと．

for a change

→ change は「変化／変える」の意であるが，for a change で「いつもと違って／マンネリを避けて／気分転換に」の意になる．

類句 (to) relax（息抜きをする）
用例 息抜きに京都旅行をしてきたよ．
I took a trip to Kyoto **for a change** [**to relax**].

15 石にかじりついても

→ どんな苦労をしてでも，という意．

at any cost

→ cost には「犠牲」の他に，「費用」という意味もある．日本語で「石」といっても，stone や rock は使われない．

類句 no matter what / even if it kills one
用例 石にかじりついてでも，この仕事を，最後までやり通すつもりです．
I will carry through with this job **at any cost**. /
I will stick to this job, **even if it kills me**.

16 一にも二にも

→ まず第一に，何はともあれ，という意．

all you can do

類句 there's nothing for it but to V
⇒ but to V は「〜するより仕方がない」．ただし，to V の内容が

Part5. "医学部に出る" 慣用表現の問題 265

自明の場合，**but to V** はよく省略される．

用例 英語をうまく話すには，一にも二にも練習だ．

If you want to speak English well, **all you can do** is practice.

17 糸を引く

➥ 陰で人を操るという意．

(to) pull the strings

➥ 「(納豆などが)糸を引く」場合は (to) form (long) threads と言う．また，stringy「ねばつく／(液体などが)糸を引く」という語もある．

用例 誰かが陰で糸を引いているに違いない．

Someone must be **pulling the strings** behind the scenes.

この納豆はよく糸を引くね．

This natto forms (**long**) **threads**. / This natto is **stringy**.

18 芋づる式

➥ 次から次へという意．

one after another

➥ 「連続して」を意味する表現には，in (rapid) succession がある．

用例 スリ(たち)は芋づる式に捕まった．

Pickpockets were arrested **one after another**.

19 浮かぬ顔

➥ 心配事などがあって，晴れやかでない顔のこと．

a long face

➥ 「暗い顔／憂鬱な表情」という意．「浮かぬ顔をする」は(to) wear [have] a long face と言う．

用例 その会議ではみな浮かぬ顔をしていた．
Everybody in the meeting had **a long face**.

20 うつつを抜かす

➥ 本心を失い，夢中になること．

(to) play around with

➥ ギャンブルなどには (to) be addicted to が使われる．

用例 女にうつつを抜かす暇なんかないよ．
I don't have time to **play around with** women.
京太郎はギャンブルにうつつを抜かしている．
Kyotaro **is addicted to** gambling.

21 (裏には) 裏がある

➥ 複雑な事情があるという意．

wheels within wheels

➥ 「外から見えない複雑な事情・機構」を表す．wheelには「車輪／機構」の意味がある．

用例 あの事件には裏があるようだ．
They say that there are **wheels within wheels** in that case.

22 瓜二つ

↳ 見分けがつかないほど，よく似ている様子．

as alike as two peas (in a pod)

↳ 見た目ばかりでなく，性格・行動も似ていることを表す表現．pea は「えんどう豆」のこと．日本語では「瓜」を用い，英語では「豆」を使うところは面白い．

類句 (to) look just like

↳ このフレーズは，「見た目だけが似ている」というニュアンスが強い．

用例 文子は妹の紀子と瓜二つだ．

Fumiko and her sister Noriko are **as alike as two peas (in a pod)**.

マイクはジミーと瓜二つだ．

Mike **looks just like** Jimmy.

23 お茶を濁す

↳ 一時しのぎにその場をごまかすこと．

(to) keep up appearances

↳ 「その場をつくろう／体裁をつくろう」という意．

類句 (to) give an evasive [a vague] answer（あいまいな返事をする）

用例 課長は僕の質問にいい加減な返事をし，お茶を濁した．

The section chief **gave** only **a vague answer** to my question.

市長はそう言って，お茶を濁した．

The mayor said so only to **keep up appearances**.

24 十八番

➡ とっておきの，得意とする芸．また，その人がよくやる動作やよく口にする言葉．

a favorite thing to do

類句 one's specialty
用例 父の十八番は『雪国』だ．
My father's **favorite song to sing** is "Yukiguni." / "Yukiguni" is **my father's specialty**.

25 折に触れて

➡ 機会があるごとに，いつも．

from time to time

➡ all the time は「その間ずっと／～している間中」，at any time は「いつでも／どんなときでも」という意．

類句 now and then （時折）
用例 折に触れて，私は息子に勉強のコツを教えた．
From time to time, I gave my son hints for studying.

26 陰になり日なたになり

➡ 人の知らない面でも表立った面でも，絶えず努力すること．

in every possible way

類句 both openly and secretly / publicly and privately
用例 母は陰になり日なたになり，僕をかばってくれた．
My mother protected me **in every possible way**.

27 肩を並べる者はいない

➡ 対等の位置につく者や,同じくらいな者がいないこと.

(to) be second to none

➡ 「誰（何）にも劣らない／何にも引けをとらない」という意.

類句 (to) have no equal（匹敵する者はいない）
(to) be better than anyone else（他の誰よりも優れている）

用例 日本には,ギターで彼と肩を並べる者はいない.
He **is second to none** at playing the guitar in Japan. /
He **is better than anyone else** at playing the guitar in Japan.

28 神のみぞ知る

➡ どうなるか,誰にもわからないこと.

God only knows.

➡ God の代わりに Heaven を使ってもよい.

類句 Who knows?
➡ 「誰が知るものか（いやいや誰も知らない）」という意の修辞疑問文.

用例 何が起こるかは,神のみぞ知るだよ.
God only knows what will happen.
成功するかどうかは,神のみぞ知るだよ.
Heaven only knows whether I will make it or not.

29 ガラス張り

→ 公明正大で隠し立てのないこと.

(to) be open for all to see

→ 「ガラス張り」といっても，glass という語は使われない.

用例 この市の財政はガラス張りだ.
This city's financial management **is open for all to see**.

30 閑古鳥が鳴く

→ 客がほとんどいないという意.

(to) attract few customers

→ attract は「引きつける／魅了する」という意.

類句 (to) be nearly deserted

用例 あのカラオケ・バーは閑古鳥が鳴いている.
That karaoke bar **attracts few customers**.

31 気が多い

→ あれこれと気が移りやすいこと.

(to) have too many interests

→ 「移り気な」という意には capricious という語がある．また，「（異性に対して）気が多い人／恋をもてあそぶ女（男）／浮気者」は a flirt という.

用例 彼は気が多い.
He **has too many interests**.
He **flirts** with women.

➡ この flirt は動詞で，「浮気をする」という意.

32 気がとがめる

➥ 後悔して心に痛みを感じる，という意.

(to) feel guilty

➥ guilty は「有罪の／罪を犯した」であるが，feel guilty で「やましい気がする」という意になる.

類句 (to) feel a pang of conscience（良心のかしゃくを感じる）

用例 彼女にあんなことをして気がとがめないのか?

Didn't you **feel guilty** because you did such a thing to her?

33 肝に銘じる

➥ 心に深くきざみつけること.

(to) take someone's words to heart

➥ 英語のフレーズの訳は，「(人の言葉を) 肝に銘じる／忠告として受け止める」

類句 (to) keep someone's words in mind

⇨「よく考えてみる／考慮する」という意味合いが強い.

用例 僕は恩師の言葉を肝に銘じています.

I **took my teacher's words to heart**. /

I **kept my teacher's words in mind**.

34 肝を冷やす

➥ 危ない目にあってぞっとすること.

(to) be scared to death

➥ be scared to V は「(V するのを) 恐れる／(V してしまうのではないかと) ビクビクする」の意.「冷やす」を cool down とは言わない.

類句 (to) be terrified
用例 昨夜の大地震では肝を冷やしたよ.
I **was terrified** [**scared to death**] by the big earthquake last night.

35 気を引く

➥ 相手の関心をこちらへ向けさせること.

(to) win someone's affection

類句 (to) draw [attract] someone's affection
用例 彼は彼女の気を引こうとたくさんの贈り物をした.
He has given many presents to her in order to **win her affection**.

36 釘づけ

➥ その場から動けないような状態のこと.

(to) be glued to

➥ glue は「接着剤でくっつける」という意.

類句 (to) be riveted to ～（～に釘づけになる）
用例 子どもたちはテレビの画面に釘づけになった.
The children **were glued to** the TV screen.
そのすばらしい景色に, われわれはみな釘づけになった.
The spectacular scenery **riveted** us all to the spot.

Part5. "医学部に出る" 慣用表現の問題　273

37 口まで出かかる

→ あることをもう少しで言える状態のこと．

on the tip of one's tongue

→ a slip of the tongue は「言い損ない」という意．

用例 彼女の名前は口まで出かかってるんだが．
Her name is **on the tip of my tongue**.

38 経験がものを言う

→ 経験することによって，自然と理解できるという意．

Experience will tell.

→ この tell は「物語る／知らせる」という意で，Time will tell.「時がたてばわかるよ」などと使われる．

39 ケジメをつける

→ 境界をはっきりさせること．一線を画すという意でも使われる．

(to) draw a clear line between A and B

→ 直訳は「A と B との間に明確な線を引く」

類句 (to) put an end to （決着する）
(to) take responsibility for （責任をとる）

用例 仕事と遊びとにはっきりケジメをつけなさい．
You have to **draw a clear line between** work **and** play.
大臣が辞任して，一連の不祥事にケジメがついた．
The resignation of the minister **put an end to** the series of scandals.

40 毛の生えた程度

➥ 多少上回っているが，たいして変わらないこと．

little better than an amateur

➥ little の代わりに just a hair も使われる．

用例 あの歌手は素人に毛の生えた程度だ．
That singer is **little better than an amateur**.

41 乞うご期待!

➥ 相手に期待を求める言い方．

Don't miss it!

➥ 直訳は「お見逃しないように!」 この miss は「(機会を)逃す／逸する」という意．

類句 Please be sure not to miss it.

42 業を煮やす

➥ それ以上耐えられなくなるという意．

(to) become unable to stand it

類句 (to) lose one's temper

用例 彼の奥さんは業を煮やして花瓶を投げつけた．
His wife **became unable to stand it** [**lost her temper**] and threw a vase at him.

43 言葉じりをとらえる

↳ 言葉のあら探しをするという意.

(to) pick holes in what people say

↳ pick holes の代わりに criticize も使われる.

用例 人の言葉じりをとらえるのはよくないよ.
It's not good to **pick holes in what people say**.

44 胡麻をする

↳ 他人におべっかを使って自分の利益をはかるという意.

(to) butter up

↳ butter は動詞で「バターを塗る」であるが，butter up で「おべっかを使う」の意になる.「胡麻をする人（おべっか使い）」は flatterer, soft-soaper, ass-kisser という．ただし，ass-kisser は俗語なので，使用には注意が必要.

類句 (to) play up to / (to) kiss someone's feet
  ⇨ 後者は「足をなめる」であるが，転じて「〜にぺこぺこする」という意になる．また，(to) kiss someone's ass という俗語表現もある.

用例 彼女はいつも先生に胡麻をする.
She always **butters up** [**plays up to**] her teacher.

45 財布のひもを握る

➥ 金の出し入れを管理する権限を握ること.

(to) hold the purse strings

➥ hold の代わりに control も使われる．日本語と英語で，意味・表現形式が似ている．

用例 うちでは妻が財布のひもを握っている．
My wife **holds the purse strings**.

46 逆立ちしてもかなわない

➥ 精いっぱいがんばっても劣っていること.

cannot hold a candle to

➥ 「〜とは比較にならないほど劣っている」という意.

用例 英会話では，逆立ちしても由美にはかなわない．
I **cannot hold a candle to** Yumi as far as English conversation is concerned.

47 匙を投げる

➥ 諦めるという意.

(to) give up

➥ 「匙を投げる」を英語にして throw a spoon といっても，「諦める」という意味にはならない．

用例 彼はあの問題ではすでに匙を投げている．
He has already **given up** on that issue.

48 尻尾を出す

→ 本性を現すという意.

(to) show one's real character

→ real character の代わりに true colors も使われる.

類句 (to) show one's true colors
用例 あの男はついに尻尾を出した.
That man finally **showed his real character** [**true colors**].

49 尻尾をつかむ

→ 人の弱みを見つけること.

(to) find out someone's weak point

用例 きっと彼の尻尾をつかんでやる.
I'm sure I'll **find (out) his weak point**.

50 重箱の隅を楊枝でほじる

→ 隅から隅まで, ごく細かいことまで干渉するという意味.

(to) split hairs

→ split hairs は「細かいことを区別・詮索する」の意. split the bill は「割り勘にする」という意.

類句 (to) nitpick (あら探しをする)
用例 重箱の隅をつつくようなことはよせ!
Stop **splitting hairs**!

51 知る人ぞ知る

→ 特定の領域の人にはよく知られているという意.

(to) be in the know

→ in the know は「事情に通じている／よく知っている」の意.

用例 あの人は知る人ぞ知る有名な画家だ.
People **in the know** realize that that man is a famous painter.

52 水泡に帰す

→ せっかく立てた計画などがすべてむだになるという意.

(to) go up in smoke

類句 (to) come to nothing / (to) evaporate into thin air
⇨ evaporate は「水分が抜ける／気化する」の意.

用例 僕の不注意ですべては水泡に帰した.
Due to my carelessness, it all **went up in smoke** [**evaporated into thin air**].

53 世間は狭い

→ 意外な場所で知り合いに出会う，意外な場所に共通の話題に興味のある人がいるという意.

It's a small world.

→ 「世間が狭い」を直訳して，The world is narrow. では通じない．また，narrow world とも言わない．

用例 こんなところでお会いするなんて，世間は狭いですね．
Imagine meeting you here. What **a small world**!

54 そこへ持ってきて

➥ 「ものを持ってくる」という意味ではなく,「さらに」という意.

on top of that

➥ 「さらにその上」という意.

類句 what is worse

➡ 「さらにもっと悪いことには」の意.

用例 そこへ持ってきて,妻は流産してしまった.

What is worse, my wife had a miscarriage.

55 台所が苦しい

➥ 収支を合わせる(やりくりする)のに苦労するという意.

(to) have difficulty in making ends meet

➥ make ends meet は「収支を合わせる/家計をやりくりする」の意.

用例 毎年,わが家は台所が苦しい.

We **have difficulty in making ends meet** every year. /
Our **finances are tight** every year.

➡ この tight は「財政がひっぱくしている」の意.

56 立て板に水

➥ すらすら話すこと,よどみなくしゃべること.

(to) talk a mile a minute

➥ 「止まらずに一気にしゃべる」という意. a mile a minute は「1分間に1マイルも(走るほど速く)」の意.

用例 その生命保険の外交員は，立て板に水の如くしゃべった．

The life insurance salesman **talked a mile a minute**.

57 たらい回しにされる

↪ ある物事をなれあいで他の者に送り回されること．

(to) be sent from (one) section to (another) section

↪ another の代わりに the next も可．section の箇所には，種々の場所を表す語がくる．

用例 市役所ではあちこち（の課を）たらい回しにされた．

I **was sent from one section to another section** in the city hall.

叔母は病院をたらい回しにされた．

My aunt **was sent from hospital to hospital**.

58 茶化す

↪ まじめにとりあわず冗談にしてしまうこと．

(to) make fun of

↪ 英語のフレーズは，「からかう／笑いものにする」という意．

類句 (to) poke fun at

用例 人を茶化すなよ！

Don't **make fun of** me!

Part5．"医学部に出る"慣用表現の問題 281

59 調子に乗る

➥ われを忘れて興奮すること．おだてられていい気になって物事を行うこと．

(to) get carried away

用例 課長は飲むとすぐ調子に乗る．

Whenever our section chief drinks, he **gets carried away** easily.

60 出る幕ではない

➥ 出て行って活動したり，口をはさんだりする場合ではないという意．

(to) have no part to play

➥ 演ずる役がないという意から，出て行って口をはさんだりする場面ではないという意になる．

類句 none of one's business

用例 僕の出る幕はないよ．

I **have no part to play** here.

ここは君の出る幕ではない．

It's **none of your business**. /

Mind your own business.

➪ この2例は，「お前の知ったことか」という，かなりきつい表現．

61 手を打つ

→ 行動を起こす，対策を講ずる，処置するという意.

(to) take some steps

類句 It's a deal.
⇨ 「これで話は決まりだ」という意. deal は「取引／契約」の意.
用例 そのことについてはすぐに手を打つ必要がある.
We have to **take some steps** about it immediately.
それで手を打とう.
That's **the deal**: It's all settled.

62 天と地ほどの差

→ 大変に大きな違いがあること.

as different as night and day

→ 直訳は「夜と昼ほども異なる」

用例 A 大学と Z 大学では天と地ほどの差がある.
A University and Z University are **as different as night and day**.

63 泣きを見る

→ 大変な思いをする，ひどい目にあうという意.

(to) have a hard time

類句 (to) be sorry for it
用例 今努力しないと，後で泣きを見るよ.
If you don't make an effort now, you'll **have a hard time** later.

Part5. "医学部に出る" 慣用表現の問題　283

64 ぬるま湯に浸かる

→ 安楽な現状に甘んじて，ぬくぬくと過ごすという意．

(to) live an easy life

用例 社長の息子はぬるま湯に浸かった生活をしている．
The president's son **lives an easy life**.

65 念のため

→ 用心に用心してという意．

just in case

→ 万一に備えてという意．

類句 just to make sure（確認のために）
用例 念のため彼に電話を入れてみた．
I tried calling him **just in case**.
念のために，もう一度メールアドレスを教えてください．
Please give me your e-mail address again, **just to make sure**.

66 喉から手が出るほど

→ 欲しくてたまらないこと．

(to) be dying to

→ 「欲しくてたまらない／したくてたまらない」という意の，親しい間柄で使われる表現．just can't wait といっても同じ意．

用例 喉から手が出るほどあの外車が欲しいよ．
I'**m dying to** get that foreign-made car.

67 八方塞がり

→ 窮地に陥ってという意.

up against the wall

用例 彼は今八方塞がりだよ.
He is now **up against the wall**.

68 はまる

→ 夢中になって身動きがとれなくなること.

(to) be addicted to

→ 「〜に中毒になる／〜にふける」という意.

類句 (to) fit the need（条件にはまる）
(to) be caught in（罠などにはまる）

用例 兄は今レゲエにはまっている.
My brother **is addicted to** reggae.
あの候補者はわが党の条件にはまらない.
The candidate does not **fit the needs** of our party.

69 羽目を外す

→ 興奮する, 狂乱するという意.

(to) go wild

→ 「調子に乗って, 度を過ごす」という意.

用例 昨夜は飲みすぎて羽目を外してしまった.
I drank too much last night and **went wild**.

70 腹を読む

> 相手の考えていることをさぐること.

(to) guess what someone thinks

> 直訳は「人が考えていることを推測する」

用例 彼女の腹を読むのは難しい.
It is difficult to **guess what she is thinking**.

71 腹を割って話す

> 本心を言うという意.

(to) cut the crap

> 「腹を割る」でも cut the stomach とは言わない.

類句 (to) cut to the chase (本題に入る)
用例 腹を割って話そうよ.
Let's **cut the crap**. / Let's **cut to the chase**.

72 膝をくずす

> くつろぐ, 楽にするという意.

(to) feel at ease

> at ease の代わりに comfortable も使われる.「膝をくずす」を英語に直訳して break one's knee と言っても通じない.

類句 (to) make oneself at home
用例 どうぞ膝をくずしてください.
Please **make yourself at home**.

73 一筋縄ではいかない

➦ 扱ったり，つき合ったりするのが，きわめて難しいという意.

very hard to deal with

➦ deal は「処理する／扱う」という意味.

用例 あいつは一筋縄ではいかないな.
That guy is **very hard to deal with**.

74 ピンからキリまで

➦ 最上等のものから最下等のものまで.

all kinds of

➦ kinds の代わりに levels や sorts も使われる.

用例 コンピュータといってもピンからキリまであるね.
There are **all kinds of** computers. /
There are **all levels of** computers (, ranging from the highest quality on down).

75 船をこぐ

➦ 居眠りをするという意.

(to) nod off

➦ nod は「うなずく／うとうとする／油断する」という意.

類句 (to) doze off

用例 彼は授業中によく船をこぐ.
He often **nods off** during class.

Part5. "医学部に出る" 慣用表現の問題

76 へそを曲げる

⤷ 機嫌が悪くなるという意.

(to) become sullen

⤷ 「へそを曲げる人」は a perverse fellow と言う.

用例 彼女は何事にもすぐへそを曲げる.
She easily **becomes sullen**.

77 骨を埋める

⤷ 残りの人生をその場所で過ごすという意.

(to) stay in ~ for the rest of one's life

⤷ rest of one's life は「余生」という意.

用例 あの宣教師は日本に骨を埋めるつもりらしい.
They say the missionary intends to **stay in Japan for the rest of his life**.

78 ぼろを出す

⤷ 具合の悪い点が露見するという意.

(to) expose one's faults

⤷ expose は「さらす／暴露する／暴く」という意. faults の代わりに ignorance も使われる.

用例 彼女はついにぼろを出した.
She finally **exposed her faults** [ignorance].

79 間が悪い／間の悪い

→ 気まずい思いをするという意．

(to) feel embarrassed

→ feel embarrassed は「恥ずかしい思いをする／まごつく」という意．be ashamed は「(～を) 恥じている／(～するのが) 恥ずかしい」で，I was ashamed to go out in a miniskirt.「ミニスカートで外出するのが恥ずかしかった」のように使われる．

用例 元カレとばったり会って，間の悪い思いがしたわ．
I **felt embarrassed** when I ran into my ex-boyfriend.

80 真っ赤な嘘

→ まぎれもない嘘という意．

a downright lie

→ downright は「まったくの／徹底的な」という意．a red lie は不可．

類句 an outright lie

用例 その男の言ったことは真っ赤な嘘だった．
What the man said was **a downright lie**.

81 右から左

→ 自分のところに少しもとどまらないさま．

(to) slip through one's fingers

→ 直訳は，「指の間からすり抜ける」

類句 (to) spend money as soon as one gets it
用例 僕の給料は右から左だ．
My pay just **slips through my fingers**.

82 水を差す

➥ うまくいっている物事をじゃますること．

(to) put a damper on

➥ 直訳は，「興味をそぐ／ケチをつける」

類句 (to) throw a wet blanket
➡ 「熱意を失わせる／（計画などに）水を差す」の意．

用例 結婚披露宴では，水を差すようなことを言うなよ．
Don't **put a damper on** the wedding reception. /
Don't **throw a wet blanket** over the wedding reception.

83 耳が痛い

➥ 痛いところを突かれて聞くのがつらいという意．

(to) hit a sore point [spot]

➥ 「相手が触れてほしくない話題に触れる」という意．日本語を直訳して，I have an earache. と言うと，「実際に耳が痛い」という別の意味になる．

用例 社長の話は耳が痛いよ．
The president's talk **hit a sore spot**.

84 耳にたこができる

➥ そのことを聞くのはもううんざり，という意.

(to) be fed up with hearing

➥ be fed up with は「あきあきしている」という意. be fed up のあとに that 節がくるときは，前置詞の with は不要.

用例 あの男の話は耳にたこができるほど聞いたよ.
I'm fed up with hearing the story about that man.

85 村八分になる

➥ 口を聞いてもらえなくなる，仲間外れになるという意.

(to) be given the cold shoulder

➥ cold shoulder は「冷淡な態度」という意.

用例 彼女は人の悪口ばかり言うので，村八分になった.
She was given the cold shoulder because she spoke only ill of others.

86 目からウロコが落ちる

➥ 急に事態がよく見え，物事が理解できるようになるさま.

(to) be awakened to the truth

類句 the scales fall from one's eyes
用例 叔父の忠告で目からウロコが落ちた.
I was suddenly awakened to the truth by my uncle's advice.

87 メッキがはがれる
➡ 本性を現すという意.

(to) reveal one's true colors

用例 彼女，今は澄ましてるが，すぐにメッキがはがれるよ．
She seems prim and proper now, but soon she will **reveal her true colors**.

88 目と鼻の先
➡ すぐ近くにあること．

a stone's throw (away)

➡ 「石を投げて届く距離」という意．

用例 そのコンビニはわが家から目と鼻の先にあります．
The convenience store is only **a stone's throw** from my house.

89 目をつける
➡ 注意する，気をつけるという意．

(to) have one's eye on

➡ 「注目する」という意．

類句 (to) watch（監視する）
用例 いつからあの娘に目をつけていたんだい？
Since when have you **had your eye on** that girl?

90 洋の東西を問わず

→ 東洋でも西洋でもという意.

in all the countries of the world

類句 both in the East and in the West

用例 洋の東西を問わず，教育は大事だ．
Education is important **in all the countries of the world**.

演習問題

演習問題 1　やや難　解答時間：4分

次のグループ (A) ～ (E) の，日本語の慣用句（下線部）が適切な英語で表現されていないものを 1 ～ 4 からそれぞれ 1 つ選び番号で答えなさい．

(A) 1. 来年まで待てば，同じドレスが<u>二束三文</u>で売りに出されるよ．
　　　If you wait until next year, they'll be selling the same dress for next to anything.
　2. その計画は<u>和気あいあいとした雰囲気</u>で進んでいた．
　　　The project proceeded with all the participants working in happy harmony.
　3. ふだんは<u>寝つきがいい</u>ほうだが，昨夜はだめだった．
　　　I usually fall asleep easily, but not last night.
　4. ワシントンを見学した後，妹に会いにニューヨークまで<u>足を伸ばした</u>．
　　　After sightseeing in Washington, I went on to New York to see my sister.

(B) 1. 社長と<u>腹を割って話す</u>つもりです．
　　　I intend to have a heart-to-heart talk with the boss.
　2. <u>マイペースでやりなよ</u>．でも，たまには他人のことも考えなくては．
　　　Go your own way, but sometimes you have to think about other people.
　3. みんなはへとへとに疲れていたが，あいつは<u>ケロリとしていた</u>．
　　　Everyone else was dead tired, but he acted as if the accident had happened.
　4. 校舎はみんな閉まっており<u>無駄足</u>になった．
　　　The school buildings were all closed. I went there for nothing.

(C) 1. 国民は政府にもっと血の通った福祉政策を望んでいる．
People are demanding a more humane welfare policy from the government.
2. 言葉を粗末にする人間が詩人になれるはずはない．
A person who does not value language can never become a poet.
3. みんなとうまくやってゆくには，時には我を殺さなくてはいけない．
Sometimes you have to suppress your ego in order to get along with others.
4. どうしていつも母親に憎まれ口をたたくんですか．
Why do you always have to be talking big to your mother?

(D) 1. 彼女に30分以上も待たされて頭にきた．
I got mad at her for being more than thirty minutes late.
2. いつか見返りを要求してくるさ．ただほど高いものはないよ．
He'll want to be paid back some day. You never get anything for something.
3. 彼は政治から足を洗って実業家になった．
He washed his hands of politics and became a businessman.
4. 2章が終わってキリがいいので，このへんでおしまいにします．
We've covered the two chapters and this is a good place to stop. So you're dismissed.

(E) 1. ジミーは有能な子で，その知識欲を満たすのに先生は四苦八苦した．
Jimmy was so gifted a boy that his teacher had a hard time satisfying his thirst for knowledge.
2. ほんとに願ってもないチャンスだ．
You certainly couldn't ask for a better opportunity than that.

3. あなたは自由の意味をはき違えていますよ．責任の伴わない自由なんてないんだから．

　You have the wrong idea of freedom. There's no freedom without responsibility.

4. 電話がないと不便かもしれないが，ものは考えようさ．

　It may be inconvenient not to have a phone, but it all depends on how you contemplate on it.

［関西医科大・医学部］

解答

(A) 1　(B) 3　(C) 4　(D) 2　(E) 4

解説

(A) 1の「二束三文」とは「ほとんどただ／無料」という意味なので，next to anything ではなく，next to nothing という表現を使うのが正しい．

(B) 3の「ケロリとして」は「何事もなかったかのように」という意味で，but 以下は he acted as if nothing had happened とするのが正しい．

(C) 4の「憎まれ口をたたく」は，say nasty things とか say spiteful things と言う．talk big は「偉そうな口を利く」

(D) 2の「ただほど高いものはないよ」は「ただでは何も得られないよ」という意味にとらえ，You never get anything for nothing. という表現を使う．

(E) 4の「ものは考えよう」は，it all depends on how you look at it.「状況のすべてはものの見方による」と言う．

演習問題2 普通 解答時間：3分

次の（1）〜（4）について，日本文の英訳が不適切なものをA〜Eからそれぞれ1つ選びなさい．

（1）A. 体重はどのくらいありますか．
　　　How much do you weight?
　　B. 私の身にもなってください．
　　　Put yourself in my position.
　　C. 彼は母親の物まねがうまい．
　　　He is good at imitating his mother.
　　D. 僕はあの子を子どものころから知っている．
　　　I have known him since he was a child.
　　E. うちの家族はみんな元気です．
　　　All my family members are well.

（2）A. 手をしっかり上げなさい．
　　　Get your hands up high.
　　B. ちょうちょが2羽，花から花へと飛んでいた．
　　　A couple of butterflies were flying from flower to flower.
　　C. 僕は君なら助けてくれるような気がしていた．
　　　I was kind of hoping you might be able to help me.
　　D. 娘に涙を見られまいとして彼は顔をそむけた．
　　　He turned his head away lest his daughter should see his tears.
　　E. 京都と大阪の間の距離は大したものではない．
　　　The distance between Kyoto and Osaka is not very enlarged.

(3) A. 入学試験合格の知らせで，胸がはずみました．

My heart leapt at the news that I had passed the entrance examination.

B. もしこんなにたくさんの宿題がなければ，買い物に行けるのに．

I could go shopping if I did not have so much homework.

C. 彼はいつも仕事に遅刻するから，首になるのは時間の問題です．

He is always late for work, so it is only a problem of time that he is fired.

D. 「からかってるんじゃないだろうな」「もちろんそうじゃないよ」

"You are not kidding, are you?" "Certainly not."

E. 僕は先生に助言を求めました．

I asked my teacher for his advice.

(4) A. 地球は太陽の周りを回っていると，かなり小さいときに教わった．

I was taught, when very young, that the Earth goes round the sun.

B. 彼は本を読んでいて気に入った表現を見つけると，すぐ赤鉛筆で印をつけます．

No sooner does he find an expression to his taste while reading a book, than he marks it with a red pencil.

C. 猿は我々人間より蛇を恐れますか．

Do monkeys fear snakes more than we human beings do?

D. 今夜お電話ください．

Please give me a telephone this evening.

E. 彼が戻ってきたら，すぐ叱ってやろう．

I will scold him as soon as he comes back.

[関西医科大・医学部]

解答

(1) A　(2) E　(3) C　(4) D

解説

(1) A は weight ではなく weigh を用いるのが正しい．
(2) E の enlarged は「拡大された」の意味なので，ここでは long を用いるのが適当である．
(3) C の「〜は時間の問題である」は定型表現で，it's a matter of time before (he is fired). を使用する．
(4) B の No sooner は，過去の出来事や習慣を表現する場合，直後に過去完了時制をとるのが一般的だが，現在の出来事や習慣を表現する場合は，現在形をとることもある．D の文意は「電話機をくれ」という意味になるので ×．give me a telephone call とか telephone me としなければいけない．

演習問題3　やや難　解答時間：2分

以下の「　」内の日本語となるよう，(　)内に相当する英語を1語ずつ書きなさい．(　)内に文字が入っているものは，その文字で始めること．

(1)「母語にもっと注意を払いなさい．」
Pay more (　) to your native (t　).

(2)「われわれはこの広大な荒野を探索します．」
We will explore this (v　) (w　).

(3)「私は満身創痍です．」
I have (w　) all over my (b　).

(4)「彼は所在がない様子でした．」
He seemed to have (n　) to (　).

［東京慈恵会医科大・医学部］

解答
(1) attention, tongue
(2) vast, wilderness
(3) wounds, body
(4) nothing, do

解説

(1)「〜に注意を払う」は pay attention to 〜 で表す. 「母語」は native tongue, mother tongue, native language などで表す.

(2)「広大な」vast, 「荒野」wilderness.

(3)「満身創痍」は「体中に傷がある」と考え, have wounds all over one's body と表現するとよい.

(4)「所在がない」は「何もすることがない」と考え, have nothing to do と表現するとよい.

演習問題4　やや難　解答時間：2分

次の(1)〜(3)において,「　　」内の日本語に最も近い意味になる英語表現を(a)〜(d)より選びなさい.

(1)「二の腕を見せてください.」
　　Let me have a look at your _____.
　　(a) upper arm　　　　(b) secondary arm
　　(c) forearm　　　　　(d) hind arm

(2)「それはまるで寝耳に水でした.」
　　It was like _____.
　　(a) a bolt from the blue　　(b) getting cold feet
　　(c) falling on deaf ears　　 (d) the fly in the ointment

(3)「彼らは英語どころか, 日本語も学んでいませんでした.」
　　They haven't studied Japanese, _____.
　　(a) either of English　　(b) not to say English
　　(c) let alone English　　(d) so did English

［東京慈恵会医科大・医学部］

解答

(1) (a)　(2) (a)　(3) (c)

解説

(1) upper arm で「二の腕」の意．(c) の forearm は「前腕」．(b) の secondary arm, (d) の hind arm ともに英語の表現としては不可．

(2) a bolt from the blue は「青天の霹靂／思いがけない出来事」を意味する慣用句．(b) の get cold feet は「怖じ気づく」．(c) の fall on deaf ears は「(頼み／忠告などが) 聞き入れられない／馬の耳に念仏」の意．(d) の the fly in the ointment は「問題／面倒なこと」という意味の表現．

(3) let alone ～は通常，否定文の後ろで使われ，「～は言うまでもなく／～はもちろん」の意味になる．(b) の not to say ～は「～とは言えないまでも」の意．(a) の either of English は「英語のどちらか」，(d) の so did English は「英語が日本語を勉強しなかった」という意味になり不可．

Part5. "医学部に出る" 慣用表現の問題

演習問題 5

次の (1)〜(5) において,「 」内の日本語となるよう,( ) 内に相当する英語を1語ずつ書きなさい. それぞれ ( ) 内に与えられている文字で始まる語を書くこと.

(1)「自分で蒔いた種は,自分で刈りなさい.」
　　You have to reap what you have (s　　　).

(2)「失礼とは存じますが,スミス博士,私はあなたのご提案は受け入れられません.」
　　With all (d　　　) respect, Dr. Smith, I cannot accept your proposal.

(3)「君がパーティーに来られないなんて,とても残念だよ.」
　　What a (s　　　) you cannot come to the party!

(4)「弟に意地悪してはいけません.」
　　Don't be (m　　　) to your younger brother.

(5)「明子は6カ月の産休を取った.」
　　Akiko took six months' maternity (l　　　).

[東京慈恵会医科大・医学部]

解答

(1) sown　(2) due　(3) shame　(4) mean　(5) leave

解説

(1) 「(種)を蒔く」は，原形 sow, 過去形 sowed, 過去分詞 sown (または sowed). 現在完了形なので，過去分詞 sown が正解. sow の過去分詞は sowed という形も可能だが，問題文はことわざであり，ことわざの中の語として定まっている sown にしておくべきである.

(2) with all due respect はフォーマルな表現で，「ごもっともですが／失礼ながら」という意味.

(3) What a shame 〜! は「〜とは残念だ」という感嘆文.

(4) (to) be mean to 〜「〜に対して意地の悪い」

(5) 「産休」は maternity leave と言う.

Part5. "医学部に出る" 慣用表現の問題

Part 6 医学部に出る アクセント・発音の問題

出題傾向のPOINT

アクセントの原則 14 選

1 語尾が -ic, -ity, -ical, -ety
直前の母音字にアクセント

イック・イティ・イカル・エティと覚えよう

- ☐ characterístic 形「特有の」 ☐ electrícity 名「電気」
- ☐ polítical 形「政治の」 ☐ anxíety 名「心配」

例外 ☐ aríthmetic 名「算数」 ☐ Cátholic 形「カトリックの」
　　 ☐ pólitic 形「政治上の」

2 語尾が -ion, -ian, -ean, -ious, -eous
直前の母音字にアクセント

イオン・イアン・エアン・イオス・エオスと覚えよう

- ☐ exhibítion 名「展示」 ☐ politícian 名「政治家」
- ☐ Mediterránean 形「地中海の」 ☐ delícious 形「おいしい」
- ☐ courágeous 形「勇気のある」 ☐ advantágeous 形「有利な」

例外 ☐ Européan 形「ヨーロッパの」

3 語尾が -ial, -ual, -ience, -ient
直前の母音字にアクセント

アイアル・ユーアル・アイエンス・アイエントと覚えよう

- ☐ benefícial 形「有益な」 ☐ habítual 形「習慣的な」

- [ ] cónscience 名「良心」 [ ] profícient 形「熟練した」
- 例外 [ ] spíritual 形「精神の」

4 語尾が -sive, -age, -meter, -logy
直前の母音字にアクセント

スイブ・エイジ・メーター・ロジーと覚えよう

- [ ] aggréssive 形「攻撃的な」 [ ] dámage 名「損害」
- [ ] thermómeter 名「温度計」 [ ] biólogy 名「生物学」
- 例外 [ ] áverage 名「平均」 [ ] céntimeter 名「センチメートル」

5 語尾が -pathy, -cracy, -graphy, -grapher, -sophy, -sopher
直前の母音字にアクセント

パシー・クラシー・グラフィー・グラファー・ソフィー・ソファーと覚えよう

- [ ] sýmpathy 名「同情」 [ ] demócracy 名「民主主義」
- [ ] photógraphy 名「写真術」 [ ] photógrapher 名「写真家」
- [ ] aristócracy 名「貴族」 [ ] geógraphy 名「地理学」
- [ ] philósophy 名「哲学」 [ ] philósopher 名「哲学者」

6 語尾が -ate, -ite, -sis, -graph, -gram
2つ前の母音字にアクセント

エイト・アイテ・スィス・グラフ・グラムと覚えよう

- [ ] délicate 形「繊細な」 [ ] définite 形「一定の」
- [ ] análysis 名「分析」 [ ] páragraph 名「段落」
- [ ] kílogram 名「キログラム」

Part6. "医学部に出る" アクセント・発音の問題　307

7 語尾が -ee(r), -oo, -esque, -ique, -igue, -oy, -cur, -rilla, -take, -ever, -self, -sever, -mental

語尾自体にアクセント

イイアール・オオ・エスク・イク・イグ・オイ・カー・
リラ・タケ・エバ・セルフ・シビア・メンタルと覚えよう

- ☐ enginéer 名「技師」
- ☐ grotésque 形「怪奇な」
- ☐ fatígue 名「疲労」
- ☐ occúr 動「発生する」
- ☐ howéver 副「しかしながら」
- ☐ supplemént al 形「補足の」
- ☐ shampóo 名「シャンプー」
- ☐ techníque 名「技術」
- ☐ emplóy 動「雇用する」
- ☐ gorílla 名「ゴリラ」
- ☐ himsélf 代「彼自身」

8 語尾が -able, -ible

直前の母音にアクセント

エイブル・アイブルと覚えよう

- ☐ agréeable 形「感じがいい」
- ☐ regréttable 形「残念な」
- ☐ deplórable 形「嘆かわしい」
- ☐ impóssible 形「不可能な」

例外
- ☐ ádmirable 形「賞賛に値する」
- ☐ cómparable 形「比較できる」
- ☐ lámentable 形「悲しい」
- ☐ préferable 形「より好ましい」
- ☐ ápplicable 形「あてはまる」
- ☐ réputable 形「評判のいい」

9 語尾が -ain

真上にアクセントがくる

エインと覚えよう

- [ ] maintáin 動「〜を維持する」
- [ ] refráin 動「差し控える」
- [ ] contáin 動「含む」

例外
- [ ] cértain 形「確実な」
- [ ] bárgain 名「特価品」

10 語尾が -tive

直前が子音字なら直前，母音字なら2つまたは3つ前の母音字にアクセント

ティブと覚えよう

- [ ] destrúctive 形「破壊的な」
- [ ] compárative 形「比較の」
- [ ] imáginative 形「想像力に富む」

例外
- [ ] creátive 形「独創的な」
- [ ] locomótive 名「機関車」

11 語尾が -al

直前に子音が1つなら2つ前，2つなら直前の母音字にアクセント

アルと覚えよう

- [ ] críminal 名「犯人」
- [ ] fúneral 名「葬式」
- [ ] Oriéntal 形「東洋の」
- [ ] horizóntal 形「地平線の」

例外
- [ ] ínterval 名「合間」
- [ ] deníal 名「否定」

12 語尾が -ude, -ute
動詞は真上にアクセント，名詞は2つ前の母音字にアクセント

ウデ・ウテと覚えよう

- [ ] conclúde 動「結論を下す」
- [ ] dispúte 動「論争する」
- [ ] áltitude 名「高度／海抜」
- [ ] ínstitute 名「学会／研究所」

例外
- [ ] mínute [mínət] 名「分」
- [ ] minúte [mainjúːt] 形「微細な」

13 語尾が -tribute
トリビュート（tribute）はトリ（tri）の真上にアクセント

- [ ] attríbute (A to B) 動「(Aの原因がBにあると)考える」
- [ ] contríbute 動「貢献する」
- [ ] distríbute 動「～を分配する」

14 同じスペルで2つの品詞をもつ単語
名詞・形容詞は前，動詞は後ろにアクセント

- [ ] ábsent 形「欠席の」
- [ ] absént 動「～を欠席させる」
- [ ] récord 名「記録」
- [ ] recórd 動「～を記録する」
- [ ] présent 名「贈り物」
- [ ] presént 動「～を贈る」
-   形「出席している／現在の」

頻出アクセントTOP11

「アクセント問題」として入試に頻出する単語を出やすい順にまとめてあるので，しっかり覚えていこう！

1. 名詞 → 前，動詞 → 後

名詞と動詞が同形の場合，名詞は前に，動詞は後ろにアクセントがくる．

- [ ] désert 名「砂漠」 → [ ] desért 動「〜を見捨てる」
- [ ] décrease 名「（量・額の）減少」 → [ ] decréase 動「減少する」
- [ ] dígest 名「要約」 → [ ] digést 動「〜を消化する」
- [ ] éxport 名「輸出（品）」 → [ ] expórt 動「〜を輸出する」
- [ ] ínsult 名「侮辱」 → [ ] insúlt 動「〜を侮辱する」
- [ ] íncrease 名「増加」 → [ ] incréase 動「増加する」
- [ ] óbject 名「物体」 → [ ] objéct 動「反対する」
- [ ] pérfect 名「完了形」 → [ ] perféct 動「〜を完成する」
- [ ] présent 名「現在」 → [ ] presént 動「〜を贈呈する」
- [ ] próduce 名「生産量／農産物」 → [ ] prodúce 動「〜を製造する」
- [ ] prógress 名「前進」 → [ ] progréss 動「前進する」
- [ ] prótest 名「抗議」 → [ ] protést 動「主張する／抗議する」
- [ ] próject 名「計画」 → [ ] projéct 動「〜を計画する」
- [ ] récord 名「記録」 → [ ] recórd 動「〜を記録する」
- [ ] réfuse 名「くず」 → [ ] refúse 動「拒絶する」
- [ ] súbject 名「主題」 → [ ] subjéct 動「〜を服従させる」
- [ ] súrvey 名「調査」 → [ ] survéy 動「〜を見渡す／調査する」
- [ ] súspect 名「容疑者」 → [ ] suspéct 動「〜を怪しいと思う」
- [ ] tórment 名「苦痛」 → [ ] tormént 動「〜をひどく苦しめる」
- [ ] áttribute 名「属性」 → [ ] attríbute 動「〜のせいにする」
- [ ] ábstract 名「抽象」 → [ ] abstráct 動「〜を要約する」
- [ ] cónduct 名「行為」 → [ ] condúct 動「指揮する」

Part6. "医学部に出る" アクセント・発音の問題　311

- [ ] cóntract 名「契約」 → [ ] contráct 動「〜を契約する」
- [ ] cóntent 名「内容」 → [ ] contént 動「〜を満足させる」
- [ ] cóntest 名「競争」 → [ ] contést 動「競争する」
- [ ] cóntrast 名「対照」 → [ ] contrást 動「〜を対照させる」
- [ ] cónvert 名「改宗者」 → [ ] convért 動「〜を変える」
- [ ] tránsfer 名「乗り換え」 → [ ] transfér 動「〜を移動させる」
- [ ] tránsport 名「輸送」 → [ ] transpórt 動「〜を輸送する」

例外 以下の単語は名詞と動詞のアクセントの位置が同じ．

- [ ] cómfort 名「慰め」 動「〜を慰める」
- [ ] consént 名「同意」 動「同意する」
- [ ] contról 名「支配」 動「〜を支配する」
- [ ] delíght 名「大喜び」 動「〜を大喜びさせる」
- [ ] dislíke 名「嫌気」 動「〜が嫌いである」
- [ ] lamént 名「悲しみ」 動「〜を悲しむ」
- [ ] límit 名「限度」 動「〜を制限する」
- [ ] ínfluence 名「影響」 動「影響を及ぼす」
- [ ] negléct 名「無視」 動「〜を無視する」
- [ ] repórt 名「報告」 動「〜を報告する」

2. -ateの2つ前

-ate で終わる語は，その**2つ前**の母音字にアクセントがくる．

- [ ] cálculate 動「〜を計算する」
- [ ] ímmigrate 動「移住する」
- [ ] démonstrate 動「〜を証明する」
- [ ] íntimate 形「親密な」
- [ ] óbstinate 形「頑固な」
- [ ] désignate 動「(人を役職に)任命する」
- [ ] assóciate 動「〜を連想する」
- [ ] cóncentrate 動「〜を集める」
- [ ] congrátulate 動「〜を祝う」
- [ ] negótiate 動「交渉する」

- [ ] apprópriate 形「適切な」
- [ ] accúmulate 動「蓄積する」
- [ ] régulate 動「〜を規制する」
- [ ] hésitate 動「ためらう」
- [ ] éducate 動「〜を教育する」
- [ ] últimate 形「究極の」
- [ ] décorate 動「〜を飾る」
- [ ] invéstigate 動「〜を調べる」
- [ ] délicate 形「繊細な」
- [ ] ímitate 動「〜をまねする」
- [ ] émigrate 動「(他国へ)移住する」
- [ ] fáscinate 動「〜を魅了する」
- [ ] tólerate 動「〜に耐える」
- [ ] ádequate 形「十分な量の」
- [ ] círculate 動「回転する」
- [ ] accómmodate 動「〜に適応させる」

- [ ] exággerate 動「誇張する」
- [ ] móderate 形「節度のある」
- [ ] célebrate 動「〜を祝う」
- [ ] pénetrate 動「〜を貫通する」
- [ ] consíderate 形「思いやりがある」
- [ ] immédiate 形「即座の」
- [ ] cúltivate 動「〜を耕す」
- [ ] chócolate 名「チョコレート」
- [ ] séparate 動「〜を引き離す」
- [ ] gráduate 動「卒業する」
- [ ] cóntemplate 動「〜をじっくり考える」
- [ ] partícipate 動「参加する」
- [ ] eláborate 形「手の込んだ」
- [ ] óperate 動「作動する」
- [ ] élevate 動「〜を高める」

例外 以下の単語はこの原則にあてはまらない．
- [ ] creáte 動「〜を創造する」
- [ ] debáte 動「〜を討論する」
- [ ] transláte 動「〜を翻訳する」
- [ ] estáte 名「土地」
- [ ] prívate 形「個人的な」

3. -sion, -tion, -cianの直前

-sion, -tion, -cian で終わる語は，直前の母音字にアクセントがくる．

(1) -sion
- [ ] conclúsion 名「結論」
- [ ] decísion 名「決定」
- [ ] divísion 名「部門」
- [ ] expánsion 名「拡大」

- [ ] explósion 名「爆発」　　- [ ] illúsion 名「幻想」
- 例外 - [ ] télevision 名「テレビ(放送)」

(2) **-tion**
- [ ] conversátion 名「会話」　- [ ] evolútion 名「発展」
- [ ] appreciátion 名「正しい理解」- [ ] obligátion 名「義務」

(3) **-cian**
- [ ] physícian 名「内科医」　- [ ] politícian 名「政治家」
- [ ] electrícian 名「電気技師」- [ ] magícian 名「奇術師」
- [ ] technícian 名「専門技術者」- [ ] mathematícian 名「数学者」

4. -ity, -ety, -ify の直前

-ity, -ety, -ify で終わる語は，直前の母音字にアクセントがくる．

(1) **-ity**
- [ ] authórity 名「権力」　　- [ ] capácity 名「能力」
- [ ] etérnity 名「永遠」　　- [ ] formálity 名「堅苦しさ」
- [ ] idéntity 名「本人であること」

(2) **-ety**
- [ ] socíety 名「社会」　　　- [ ] anxíety 名「心配」
- [ ] varíety 名「多様性」　　- [ ] propríety 名「礼儀」

(3) **-ify**
- [ ] clássify 動「～を分類する」- [ ] jústify 動「～を正当化する」
- [ ] quálify 動「～に資格を与える」

5. -ic, -ics, -ical, -sive の直前

-ic, -ics, -ical, -sive で終わる語は，直前の母音字にアクセントがくる．

(1) **-ic**
- [ ] artístic 形「芸術の」
- [ ] automátic 形「自動の」
- [ ] dramátic 形「劇の」
- [ ] democrátic 形「民主主義の」
- [ ] enthusiástic 形「熱心な」

例外
- [ ] Cátholic 名「カトリック教徒」
- [ ] aríthmetic 名「算数」
- [ ] pólitic 形「適切な／政治上の」
- [ ] lúnatic 形「実にばかげた」
- [ ] héretic 名「異教徒」
- [ ] rhétoric 名「修辞法」
- [ ] Árabic 名「アラビア語」

(2) **-ics**
- [ ] económics 名「経済学」
- [ ] mathemátics 名「数学」
- [ ] poétics 名「詩学」
- [ ] statístics 名「統計学」

例外
- [ ] pólitics 名「政治／政治学」

(3) **-ical**
- [ ] económical 形「経済的な」
- [ ] geográphical 形「地理学の」
- [ ] poétical 形「詩の」
- [ ] polítical 形「政治の」
- [ ] philosóphical 形「哲学の」

(4) **-sive**
- [ ] expénsive 形「高価な」
- [ ] impréssive 形「印象的な」
- [ ] inténsive 形「集中的な」
- [ ] aggréssive 形「攻撃的な」
- [ ] decísive 形「決定的な」

6. -ial の直前

-ial で終わる語は，直前の母音字にアクセントがくる．
- [ ] influéntial 形「影響力のある」
- [ ] esséntial 形「必要不可欠な」
- [ ] inítial 形「最初の」
- [ ] confidéntial 形「秘密の」

- ☐ benefícial 形「有益な」　☐ artifícial 形「人工の」
- 例外　☐ deníal 名「拒絶」　☐ díal 名「ダイヤル」
- 　　　☐ tríal 名「試練」

7. -ious, -eous の直前

-ious, -eous で終わる語は，直前の母音字にアクセントがくる．例外はない．

(1) **-ious**
- ☐ óbvious 形「明らかな」　☐ prévious 形「以前の」
- ☐ relígious 形「宗教の」　☐ luxúrious 形「豪華な」
- ☐ harmónious 形「調和のとれた」

(2) **-eous**
- ☐ courágeous 形「勇気のある」　☐ simultáneous 形「同時に起こる」
- ☐ advantágeous 形「好都合な」　☐ spontáneous 形「自発的な」

8. -ience, -ient, -ian, -logy, -cracy, -itude, -tual の直前

-ience, -ient, -ian, -logy, -cracy, -itude, -tual で終わる語は，直前の母音字にアクセントがくる．

(1) **-ience**
- ☐ cónscience 名「良心」　☐ convénience 名「利便性」
- ☐ expérience 名「経験」　☐ obédience 名「服従」
- ☐ impátience 名「いらだち」

(2) **-ient**
- ☐ áncient 形「古代の」　☐ efficient 形「効率的な」
- ☐ sufficient 形「十分な」　☐ proficient 形「熟達した」

(3) **-ian**
- ☐ Arábian 名「アラブ人」　☐ barbárian 名「野蛮人」

- [ ] civílian 名「一般市民」　　- [ ] histórian 名「歴史家」

(4) **-logy**
- [ ] biólogy 名「生物学」　　- [ ] geólogy 名「地質学」
- [ ] ideólogy 名「イデオロギー」　- [ ] psychólogy 名「心理学」
- [ ] technólogy 名「技術」　- [ ] theólogy 名「神学」

(5) **-cracy**
- [ ] aristócracy 名「上流階級」　- [ ] autócracy 名「独裁政治」
- [ ] buréaucracy 名「官僚制度」　- [ ] demócracy 名「民主主義」

(6) **-itude**
- [ ] áttitude 名「態度」　- [ ] cértitude 名「確実性」
- [ ] grátitude 名「感謝の気持ち」　- [ ] mágnitude 名「大きさ/マグニチュード」
- [ ] múltitude 名「多数」

(7) **-tual**
- [ ] evéntual 形「結果として起こる」　- [ ] habítual 形「習慣的な」
- [ ] púnctual 形「時間を守る」　- [ ] áctual 形「実際の」

例外　1つのみ
- [ ] spíritual 形「精神の」

9. -ée, -óo, éntal, -ésque, -íque, -éver, -sélf の真上

-ée, -óo, éntal, -ésque, -íque, -éver, -sélf はすべて真上にアクセントがくる．

(1) **-ée**
- [ ] caréer 名「経歴」　- [ ] degrée 名「程度」
- [ ] employée 名「従業員」　- [ ] examinée 名「受験者」
- [ ] mountainéer 名「登山家」　- [ ] pionéer 名「先駆者」
- [ ] voluntéer 名「志願者」

例外　- [ ] commíttee 名「委員会」　- [ ] cóffee 名「コーヒー」

- [ ] síghtseer 名「観光客」

(2) -óo
- [ ] bambóo 名「竹」
- [ ] kangaróo 名「カンガルー」
- [ ] shampóo 名「シャンプー」
- [ ] tabóo 名「禁忌／禁制」
- [ ] ballóon 名「風船」

例外 - [ ] hóneymoon 名「新婚旅行」

(3) -éntal
- [ ] accidéntal 形「偶然の」
- [ ] eleméntal 形「初歩的な」
- [ ] environméntal 形「環境上の」
- [ ] experiméntal 形「実験の」
- [ ] continéntal 形「大陸の」
- [ ] governméntal 形「政府の」
- [ ] incidéntal 形「ありがちな」

(4) -ésque
- [ ] picturésque 形「絵のように美しい」
- [ ] grotésque 形「異様な」
- [ ] Romanésque 名「ロマネスク様式」

(5) -íque
- [ ] antíque 形「古風な」
- [ ] uníque 形「独特な」
- [ ] techníque 名「技術」

(6) -éver
- [ ] howéver 副「どんなに～しようとも」
- [ ] whatéver 代「(～することは)何でも」

(7) -sélf
- [ ] himsélf 代「彼自身」
- [ ] itsélf 代「それ自身」

10.　-ize, -ise, -able の 2 つ前

-ise, -ize, -able で終わる以下の語は，2つ前の母音字にアクセントがくる．

(1) -ise, -ize
- [ ] émphasize 動「～を強調する」
- [ ] cívilize 動「～を文明化する」
- [ ] drámatize 動「～を劇的に表現する」
- [ ] mínimize 動「～を最小限にする」

- [ ] récognize 動「〜を認識する」
- [ ] réalize 動「〜をはっきりと理解する」
- [ ] spécialize 動「専攻する」
- [ ] módernize 動「〜を現代化する」
- [ ] cómpromise 動「妥協する」

(2) -able
- [ ] cómparable 形「比較できる」
- [ ] ádmirable 形「あっぱれな」
- [ ] préferable 形「好ましい」
- [ ] hónorable 形「尊敬すべき」

11. 第1音節にアクセントのある単語

- [ ] ágriculture 名「農業」
- [ ] álcohol 名「アルコール」
- [ ] áncestor 名「先祖」
- [ ] árchitecture 名「建築学」
- [ ] árchitect 名「建築家」
- [ ] átmosphere 名「雰囲気」
- [ ] áccuracy 名「正確性」
- [ ] áverage 名「平均」
- [ ] cómmerce 名「商業」
- [ ] córridor 名「廊下」
- [ ] círcumstance 名「周囲の状況」
- [ ] cónsequently 副「結果として」
- [ ] définite 形「明確な」
- [ ] démocrat 名「民主主義者」
- [ ] díplomat 名「外交官」
- [ ] díscipline 名「訓練」
- [ ] énergy 名「エネルギー」
- [ ] élevator 名「エレベーター」
- [ ] élegance 名「優雅」
- [ ] ínfamous 形「不名誉な」
- [ ] ínstitute 名「学会」
- [ ] ínstrument 名「楽器」
- [ ] ínfluence 名「影響」
- [ ] ínterval 名「間隔」
- [ ] índustry 名「産業」
- [ ] ímage 名「画像」
- [ ] méchanism 名「仕組み」
- [ ] míschief 名「損害」
- [ ] mánuscript 名「原稿」
- [ ] mánager 名「経営者」
- [ ] négative 形「否定の」
- [ ] négligent 形「怠惰な」
- [ ] ópposite 形「正反対の」
- [ ] órigin 名「起源」
- [ ] órchestra 名「オーケストラ」
- [ ] páttern 名「模範」
- [ ] phótograph 名「写真」
- [ ] résolute 形「断固たる」

- [ ] vóluntary 形「自発的な」
- [ ] cháracter 名「性格」
- [ ] éxpert 名「専門家」
- [ ] ínfinite 形「無限の」
- [ ] íntellect 名「知性」
- [ ] mánagement 名「管理」
- [ ] módern 形「現代の」
- [ ] óbvious 形「明らかな」
- [ ] páradise 名「楽園」
- [ ] próduct 名「製品」
- [ ] réconcile 動「〜を和解させる」
- [ ] sécretary 名「秘書」
- [ ] súbstitute 動「〜を代わりに用いる」
- [ ] vólume 名「体積」
- [ ] cálendar 名「カレンダー」
- [ ] cónstitute 動「〜を構成する」
- [ ] ígnorant 形「無知の」
- [ ] ínnocent 形「無実の」
- [ ] líterature 名「文学」
- [ ] mélancholy 名「憂鬱」
- [ ] mómentary 形「つかの間の」
- [ ] óperator 名「操作者」
- [ ] préface 名「序文」
- [ ] púrchase 動「〜を購入する」
- [ ] réference 名「参照」
- [ ] sóvereign 名「君主」
- [ ] úniverse 名「宇宙」
- [ ] fórtnight 名「2週間」

頻出母音TOP10

医学部入試で頻出される母音をチェックしておこう！！

1. [ei]「エイ」2重母音

- [ ] break [bréik] 動「〜を壊す」
- [ ] great [gréit] 形「偉大な」
- [ ] create [kriéit] 動「〜を創造する」
- [ ] ancient [éinʃnt] 形「古代の」
- [ ] dangerous [déindʒərəs] 形「危険な」
- [ ] maid [méid] 名「メイド」
- [ ] main [méin] 形「主な」
- [ ] faint [féint] 動「失神する」
- [ ] waist [wéist] 名「腰」
- [ ] steak [stéik] 名「ステーキ」
- [ ] freight [fréit] 名「貨物運送」
- [ ] reign [réin] 名「統治」
- [ ] weight [wéit] 名「重量」

2. [au]「アウ」2重母音

- [ ] aloud [əláud] 副「大きな声を出して」
- [ ] proud [práud] 形「誇りに思っている」
- [ ] bough [báu] 名「大枝」
- [ ] owl [ául] 名「フクロウ」
- [ ] brow [bráu] 名「眉毛」
- [ ] flower [fláuər] 名「花」
- [ ] plough [pláu] 名「（耕作用の）すき」
- [ ] allow [əláu] 動「〜を許可する」
- [ ] foul [fául] 形「汚らわしい」
- [ ] pound [páund] 名「ポンド」
- [ ] sound [sáund] 名「音」
- [ ] count [káunt] 動「数える」
- [ ] drought [dráut] 名「干ばつ」
- [ ] fowl [fául] 名「鶏肉」
- [ ] power [páuər] 名「力」
- [ ] tower [táuər] 名「塔」
- [ ] drown [dráun] 動「溺死する」

3. [ou]「オウ」2重母音

- [ ] only [óunli] 形「唯一の」
- [ ] hole [hóul] 名「穴」
- [ ] control [kəntróul] 動「〜を支配する」
- [ ] shoulder [ʃóuldər] 名「肩」
- [ ] folk [fóuk] 名「人々」
- [ ] coat [kóut] 名「上着」
- [ ] boat [bóut] 名「小舟」
- [ ] approach [əpróutʃ] 動「〜に近づく」
- [ ] globe [glóub] 名「球体」
- [ ] most [móust] 形「最も多くの」
- [ ] post [póust] 名「郵便」
- [ ] blow [blóu] 動「吹く」
- [ ] sew [sóu] 動「〜を縫う」
- [ ] soul [sóul] 名「魂」
- [ ] coast [kóust] 名「沿岸」
- [ ] soap [sóup] 名「石けん」
- [ ] comb [kóum] 名「くし」
- [ ] moment [móumənt] 名「瞬間」

4. [iː]「イー」長母音

- [ ] receive [risíːv] 動「〜を受けとる」
- [ ] appreciate [əpríːʃieit] 動「〜を正しく理解する」
- [ ] steal [stíːl] 動「〜を盗む」
- [ ] evil [íːvl] 名「悪」
- [ ] creature [kríːtʃər] 名「生命体」
- [ ] equal [íːkwəl] 形「等しい」
- [ ] region [ríːʒən] 名「地域」
- [ ] meat [míːt] 名「肉」
- [ ] feet [fíːt] 名「足（footの複数形）」
- [ ] deceive [disíːv] 動「〜をだます」
- [ ] treat [tríːt] 動「〜を扱う」
- [ ] previous [príːviəs] 形「以前の」
- [ ] feature [fíːtʃər] 名「特色」
- [ ] extreme [ikstríːm] 形「極端な」
- [ ] fatigue [fətíːg] 名「疲労」
- [ ] breathe [bríːð] 動「呼吸する」
- [ ] seize [síːz] 動「〜をつかむ」

5. [ʌ]「ア」あまり口を開けないでお腹の中から鋭く「ア」

- [ ] oven [ʌ́vn] 名「オーブン」
- [ ] luck [lʌ́k] 名「運」
- [ ] cousin [kʌ́zn] 名「いとこ」
- [ ] double [dʌ́bl] 形「2倍の」

- [ ] enough [inʌ́f] 形「十分な」
- [ ] tongue [tʌ́ŋ] 名「舌」
- [ ] front [frʌ́nt] 名「前部」
- [ ] southern [sʌ́ðərn] 形「南部の」
- [ ] country [kʌ́ntri] 名「国」
- [ ] blood [blʌ́d] 名「血」
- [ ] flood [flʌ́d] 名「洪水」
- [ ] won [wʌ́n] 動「勝利した（win の過去形）」
- [ ] glove [glʌ́v] 名「手袋」
- [ ] wonder [wʌ́ndər] 動「不思議に思う」
- [ ] monkey [mʌ́ŋki] 名「猿」
- [ ] tough [tʌ́f] 形「堅い」

6. [e]「エ」短母音

- [ ] treasure [tréʒər] 名「財宝」
- [ ] pleasure [pléʒər] 名「喜び」
- [ ] pleasant [plézənt] 形「(物・事が) 楽しい」
- [ ] weapon [wépn] 名「武器」
- [ ] said [séd] 動「言った（say の過去形）」
- [ ] meant [mént] 動「意味した（mean の過去形）」
- [ ] breath [bréθ] 名「息」
- [ ] sweat [swét] 名「汗」
- [ ] spread [spréd] 動「広がる」
- [ ] bread [bréd] 名「パン」
- [ ] breakfast [brékfəst] 名「朝食」
- [ ] measure [méʒər] 動「〜を測る」
- [ ] bury [béri] 動「〜を埋める」
- [ ] meadow [médou] 名「牧草地」
- [ ] instead [instéd] 副「その代わりに」
- [ ] tread [tréd] 動「歩く」

7. [uː]「ウー」長母音

- [ ] approve [əprúːv] 動「〜に賛成する」
- [ ] lose [lúːz] 動「〜を失う」
- [ ] prove [prúːv] 動「〜を証明する」
- [ ] improve [imprúːv] 動「〜を改善する」
- [ ] group [grúːp] 名「団体」
- [ ] loose [lúːs] 形「解き放たれた」
- [ ] soup [súːp] 名「スープ」
- [ ] mood [múːd] 名「気分」
- [ ] food [fúːd] 名「食べ物」
- [ ] tool [túːl] 名「道具」
- [ ] soothe [súːð] 動「〜をなだめる」
- [ ] tooth [túːθ] 名「歯」

- [ ] route [rúːt] 名「道順」
- [ ] wound [wúːnd] 名「傷」
- [ ] crew [krúː] 名「乗組員」
- [ ] tomb [túːm] 名「墓」
- [ ] prudent [prúːdənt] 形「用心深い」
- [ ] exclude [iksklúːd] 動「〜を締め出す」
- [ ] fool [fúːl] 名「愚か者」
- [ ] smooth [smúːð] 形「なめらかな」
- [ ] blew [blúː] 動「吹いた（blow の過去形）」

8. [əːr]「エア〜」あまり口を開けないで、けだるくあいまいな音

- [ ] earth [ə́ːrθ] 名「地球」
- [ ] pearl [pə́ːrl] 名「真珠」
- [ ] birth [bə́ːrθ] 名「誕生」
- [ ] first [fə́ːrst] 形「第一の」
- [ ] worm [wə́ːrm] 名「（脚のない）虫」
- [ ] hurt [hə́ːrt] 動「〜を傷つける」
- [ ] bird [bə́ːrd] 名「鳥」
- [ ] worth [wə́ːrθ] 前「〜に値する」
- [ ] work [wə́ːrk] 名「仕事」
- [ ] heard [hə́ːrd] 動「聞いた（hear の過去形）」
- [ ] curtain [kə́ːrtn] 名「カーテン」
- [ ] furnish [fə́ːrniʃ] 動「〜に供給する」
- [ ] learn [lə́ːrn] 動「〜を学ぶ」
- [ ] earn [ə́ːrn] 動「〜を稼ぐ」
- [ ] search [sə́ːrtʃ] 動「〜を捜す」

9. [ɔː]「オー」大きく口を開けて

- [ ] caught [kɔ́ːt] 動「捕まえた（catch の過去形）」
- [ ] taught [tɔ́ːt] 動「教えた（teach の過去形）」
- [ ] naughty [nɔ́ːti] 形「いたずらな」
- [ ] exhaust [igzɔ́ːst] 動「〜を疲れさせる」
- [ ] broad [brɔ́ːd] 形「広い」
- [ ] abroad [əbrɔ́ːd] 副「外国に」
- [ ] saw [sɔ́ː] 動「見た（see の過去形）」
- [ ] author [ɔ́ːθər] 名「著者」
- [ ] cost [kɔ́ːst] 名「値段」
- [ ] law [lɔ́ː] 名「法」
- [ ] awful [ɔ́ːfl] 形「恐ろしい」
- [ ] sword [sɔ́ːrd] 名「剣」
- [ ] war [wɔ́ːr] 名「戦争」

- [ ] call [kɔ́ːl] 動「～を呼ぶ」 　　- [ ] pour [pɔ́ːr] 動「～を注ぐ」
- [ ] fall [fɔ́ːl] 動「落下する」 　　- [ ] chalk [tʃɔ́ːk] 名「チョーク」
- [ ] bought [bɔ́ːt] 動「購入した（buy の過去形）」
- [ ] ought [ɔ́ːt] 助動「～すべきである」
- [ ] brought [brɔ́ːt] 動「もってきた（bring の過去形）」
- [ ] thought [θɔ́ːt] 名「考え」 　　- [ ] board [bɔ́ːrd] 名「板」
- [ ] floor [flɔ́ːr] 名「床」

10.　[u]「ウ」短母音

- [ ] wood [wúd] 名「木材」 　　- [ ] woman [wúmən] 名「女性」
- [ ] cook [kúk] 動「～を料理する」
- [ ] could [kúd] 助動「～かもしれない」
- [ ] would [wúd] 助動「～でしょう」 - [ ] wool [wúl] 名「羊毛」
- [ ] foot [fút] 名「足」 　　- [ ] hood [húd] 名「頭巾」
- [ ] bosom [búzəm] 名「胸」 　　- [ ] wolf [wúlf] 名「狼」

頻出子音TOP5

医学部入試で頻出される子音をチェックしておこう!!

1. thとくれば [θ]「ス」か [ð]「ズ」の判別が求められる単語

音が濁るか濁らないかの判別がポイント.

(1) [θ]

- ☐ threaten [θrétn] 動「〜を脅かす」
- ☐ north [nɔ́ːrθ] 名「北」
- ☐ south [sáuθ] 名「南」
- ☐ breath [bréθ] 名「息」
- ☐ bath [bǽθ] 名「風呂」
- ☐ worth [wə́ːrθ] 名「価値」
- ☐ thick [θík] 形「厚い」
- ☐ theme [θíːm] 名「主題」
- ☐ thirsty [θə́ːrsti] 形「喉が渇いた」
- ☐ theory [θíːəri] 名「理論」
- ☐ through [θrúː] 前「〜を通り抜けて」
- ☐ thin [θín] 形「薄い」
- ☐ thorough [θə́ːrou] 形「徹底的な」

(2) [ð]

- ☐ though [ðóu] 接「〜にもかかわらず」
- ☐ thus [ðʌ́s] 副「このように」
- ☐ soothe [súːð] 動「〜をなだめる」
- ☐ smooth [smúːð] 形「なめらかな」
- ☐ northern [nɔ́ːrðərn] 形「北部の」
- ☐ southern [sʌ́ðərn] 形「南部の」
- ☐ breathe [bríːð] 動「呼吸する」
- ☐ bathe [béið] 動「洗う」
- ☐ worthy [wə́ːrði] 形「〜に値する」

2. sとくれば [s]「ス」か [z]「ズ」の判別が求められる単語

音が濁るか濁らないかの判別がポイント.

(1) [s]

- ☐ loose [lúːs] 形「自由になった」
- ☐ cease [síːs] 動「終える」
- ☐ miss [mís] 動「〜をさびしく思う」
- ☐ guess [gés] 動「推論する」
- ☐ scene [síːn] 名「光景」
- ☐ scent [sént] 名「におい」
- ☐ advice [ədváis] 名「助言」
- ☐ success [səksés] 名「成功」

- [ ] increase [inkríːs] 動「増加する」

(2) **[z]**
- [ ] lose [lúːz] 動「失う」
- [ ] result [rizʌ́lt] 名「結果」
- [ ] dessert [dizə́ːrt] 名「デザート」
- [ ] pause [pɔ́ːz] 名「休止」
- [ ] nose [nóuz] 名「鼻」
- [ ] advise [ədváiz] 動「(〜に) 勧める」
- [ ] possess [pəzés] 動「所有する」
- [ ] dissolve [dizálv] 動「〜を溶かす」
- [ ] scissors [sízərz] 名「ハサミ」
- [ ] resort [rizɔ́ːrt] 名「行楽地」

3. ch とくれば [tʃ]「チ」か [k]「ク」のいずれかを判別すべき単語

(1) **[tʃ]**
- [ ] church [tʃə́ːrtʃ] 名「教会」
- [ ] children [tʃíldrən] 名「子どもたち」
- [ ] century [séntʃəri] 名「世紀」
- [ ] chimney [tʃímni] 名「煙突」
- [ ] orchard [ɔ́ːrtʃərd] 名「果樹園」
- [ ] question [kwéstʃən] 名「問題」
- [ ] chair [tʃéər] 名「椅子」

(2) **[k]**
- [ ] character [kǽrəktər] 名「個性」
- [ ] chemistry [kémistri] 名「化学」
- [ ] orchestra [ɔ́ːrkəstrə] 名「オーケストラ」
- [ ] Christmas [krísməs] 名「クリスマス」
- [ ] chorus [kɔ́ːrəs] 名「合唱団」
- [ ] stomach [stʌ́mək] 名「腹部」

4. ed とくれば [t]「ト」か [d]「ド」か [id]「イド」のいずれかを判別すべき単語

(1) 無声音+ ed → [t]
- [ ] missed [míst] 動「〜を逃した (miss の過去形)」
- [ ] guessed [gést] 動「〜を推測した (guess の過去形)」
- [ ] looked [lúkt] 動「〜を見た (look の過去形)」
- [ ] laughed [lǽft] 動「笑った (laugh の過去形)」
- [ ] watched [wátʃt] 動「〜を見た (watch の過去形)」

（2）有声音 + **ed** → [d]
- [ ] showed [ʃóud]　動「〜を見せた（show の過去形）」
- [ ] played [pléid]　動「遊んだ（play の過去形）」
- [ ] judged [dʒʌ́dʒd]　動「判断した（judge の過去形）」
- [ ] begged [bégd]　動「懇願した（beg の過去形）」
- [ ] lived [lívd]　動「住んでいた（live の過去形）」

（3）[t, d] + **ed** → [id]（語尾が t か d で終わる動詞のあとにくる ed は [id]「イド」）
- [ ] hated [héitid]　動「嫌った（hate の過去形）」
- [ ] planted [plǽntid]　動「植えた（plant の過去形）」
- [ ] wanted [wántid]　動「欲した（want の過去形）」
- [ ] included [inklú:did]　動「含んだ（include の過去形）」
- [ ] divided [diváidid]　動「分離した（divide の過去形）」

例外　動詞の過去形でなく，形容詞はすべて [id]「イド」
- [ ] crooked [krúkid]　形「ゆがんだ」　[ ] naked [néikid]　形「裸の」
- [ ] wicked [wíkid]　形「邪悪な」　[ ] learned [lə́:rnid]　形「学問のある」
- [ ] blessed [blésid]　形「神聖な／祝福された」

5. x とくれば [ks]「クス」か [gz]「グズ」か [kʃ]「クシャ」のいずれかを判別すべき単語

（1）[ks]
- [ ] exhibition [eksəbíʃən]　名「展示」　[ ] execute [éksəkju:t]　動「〜を実行する」
- [ ] exercise [éksərsaiz]　名「運動」　[ ] expect [ikspékt]　動「期待する」

（2）[gz]
- [ ] exhibit [igzíbit]　動「展示する」　[ ] exhaust [igzɔ́:st]　動「〜を疲れさせる」
- [ ] examine [igzǽmin]　動「〜を調べる」　[ ] exaggerate [igzǽdʒəreit]　動「誇張する」

（3）[kʃ]
- [ ] anxious [ǽŋkʃəs]　形「心配している」　[ ] complexion [kəmplékʃn]　名「様子」

演習問題

演習問題1 普通 解答時間：3分

次の(1)〜(5)各組の語について下線を施した部分の発音が他と異なるものを1つ選びなさい．

(1) h<u>oo</u>k   ch<u>ew</u>   bl<u>oo</u>m   j<u>ui</u>ce   thr<u>ou</u>gh
(2) rec<u>ei</u>ve   mach<u>i</u>ne pr<u>ie</u>st   m<u>ea</u>nt   agr<u>ee</u>ment
(3) nak<u>ed</u>   fix<u>ed</u>ly want<u>ed</u>   scold<u>ed</u> laugh<u>ed</u>
(4) gr<u>oa</u>n   gr<u>ow</u>th   wh<u>o</u>le   d<u>aw</u>n   f<u>oe</u>
(5) m<u>o</u>ney   cr<u>o</u>p   c<u>ou</u>ple   d<u>u</u>ll   fl<u>oo</u>d

[東京慈恵会医科大・医学部]

解答

(1) hook   (2) meant   (3) laughed   (4) dawn   (5) crop

解説

(1) h<u>oo</u>k [húk]「留め金」だけが [u]「ウ」で，他はすべて [uː]「ウー」．ch<u>ew</u> [tʃúː]「〜を噛んで食べる」，bl<u>oo</u>m [blúːm]「（観賞用の）植物」，j<u>ui</u>ce [dʒúːs]「果汁」，thr<u>ou</u>gh [θruː]「〜を通じて」

(2) m<u>ea</u>nt [mént] だけが [e]「エ」で，他はすべて [iː]「イー」．rec<u>ei</u>ve [risíːv]「受けとる」，mach<u>i</u>ne [məʃíːn]「機械」，pr<u>ie</u>st [príːst]「牧師」，agr<u>ee</u>ment [əgríːmənt]「同意」

(3) laugh<u>ed</u> [læft] だけが [t]「ト」で，他はすべて [id]「イド」．nak<u>ed</u> [néikid]「裸の」，fix<u>ed</u>ly [fíksidli]「固定して」，want<u>ed</u> [wάntid]「欲した」，scold<u>ed</u> [skóuldid]「叱った」

(4) d<u>aw</u>n [dɔ́ːn] だけが [ɔː]「オー」で，他はすべて [ou]「オウ」．gr<u>oa</u>n [gróun]「うめく／うなる」，gr<u>ow</u>th [gróuθ]「成長」，wh<u>o</u>le [hóul]「全体」，f<u>oe</u> [fóu]「敵

対者」

(5) crop [krɑ́p]「作物／収穫物」だけが大きな口を開けて発音する [ɑ]「ア」，他はすべてあまり口を開けないでお腹の底から鋭く発音する [ʌ]「ア」．money [mʌ́ni]「お金」, couple [kʌ́pl]「夫婦」, dull [dʌ́l]「退屈な」, flood [flʌ́d]「洪水」

演習問題2　普通　解答時間：3分

次の（1）〜（4）について，指示に従ってA〜Dからそれぞれ1つ選びなさい．

（1）第1音節にアクセントをもたない単語を含むグループ
　A. mis-er-a-ble, mon-arch, la-bo-ri-ous, mi-cro-scope
　B. mes-sen-ger, en-er-gy, maj-es-ty, ac-cu-rate
　C. choc-o-late, pes-si-mist, man-age-ment, at-mos-phere
　D. ul-ti-mate, ten-ta-tive, mis-chief, punc-tu-al

（2）第2音節にアクセントをもたない単語を含むグループ
　A. en-thu-si-asm, ad-vice, dis-trib-u-tor, re-cip-i-ent
　B. as-tron-o-my, al-ter-na-tive, ther-mom-e-ter, par-tic-i-pant
　C. dis-play, tre-men-dous, ri-dic-u-lous, cur-ric-u-lum
　D. in-ter-pret, en-thu-si-as-tic, of-fi-cial, gram-mat-i-cal

（3）第3音節にアクセントをもたない単語を含むグループ
　A. su-per-fi-cial, in-flu-en-tial, pa-tri-ot-ic, in-dis-crim-i-nate
　B. in-di-vid-u-al, un-re-li-a-ble, bi-o-log-i-cal, en-cy-clo-pe-di-a
　C. per-son-nel, met-ro-pol-i-tan, pic-tur-esque, man-u-fac-tur-er
　D. ec-o-nom-ics, in-con-ven-ient, pes-si-mis-tic, in-flu-en-za

（4）第1音節にアクセントをもたない単語を含むグループ
　A. her-it-age, in-come, er-rand, ac-cess
　B. fac-ul-ty, hel-i-cop-ter, por-trait, guard-i-an
　C. ter-rif-ic, im-i-tate, gar-bage, earth-quake
　D. oc-cu-py, char-ac-ter, mam-mal, im-age

[関西医科大・医学部]

解答
(1) A (2) D (3) B (4) C

解説
(1) A の laborious [ləbɔ́ːriəs]「骨の折れる」が第2音節にアクセント．

A. miserable [mízərəbl]「みじめな」, monarch [mánərk]「君主」, microscope [máikrəskoup]「顕微鏡」

B. messenger [mésəndʒər]「伝言者」, energy [énərdʒi]「エネルギー」, majesty [mædʒesti]「威厳」, accurate [ǽkjərət]「正確な」

C. chocolate [tʃɔ́ːkələt]「チョコレート」, pessimist [pésəmist]「悲観主義者」, management [mǽnidʒmənt]「管理」, atmosphere [ǽtməsfiər]「雰囲気」

D. ultimate [ʌ́ltəmət]「究極の」, tentative [téntətiv]「内定の」, mischief [místʃif]「いたずら」, punctual [pʌ́ŋktʃuəl]「時間厳守の」

(2) D の enthusiastic [enθjuːziǽstik]「情熱的な」が第4音節にアクセント．

A. enthusiasm [enθjúːziæzm]「情熱」, advice [ədváis]「忠告」, distributor [distríbjətər]「分配者」, recipient [risípiənt]「レシピエント」

B. astronomy [əstrɑ́nəmi]「天文学」, alternative [ɔːltə́ːrnətiv]「代わりとなる」, thermometer [θərmɑ́mətər]「寒暖計」, participant [pɑːrtísəpənt]「参加者」

C. display [displéi]「陳列する」, tremendous [triméndəs]「莫大な」, ridiculous [ridíkjələs]「ばかげた」, curriculum [kəríkjələm]「カリキュラム」

D. interpret [intə́ːrprət]「通訳する」, official [əfíʃl]「公式的な」, grammatical [grəmǽtikl]「文法の」

(3) B の encyclopedia [ensaikləpíːdiə]「百科事典」が第4音節にアクセント．

A. superficial [su:pərfíʃl]「表面的な」, influential [influénʃl]「有力な」, patriotic [peitriátik]「愛国主義の」, indiscriminate [indiskrímənət]「無差別の」

B. individual [indəvídʒuəl]「個人の」, unreliable [ʌnriláiəbl]「信頼できない」, biological [baiəládʒikl]「生物学に関する」

C. personnel [pə:rsənél]「職員」, metropolitan [metrəpálətn]「首都圏の」, picturesque [piktʃərésk]「絵のように美しい」, manufacturer [mænjəfǽktʃərər]「製造者」

D. economics [ekənámiks]「経済学」, inconvenient [inkənví:njənt]「不都合な」, pessimistic [pesəmístik]「悲観主義的な」, influenza [influénzə]「インフルエンザ」

（4） C の terrific [tərífik]「恐ろしい」が第2音節にアクセント.

A. heritage [hérətidʒ]「遺産」, income [ínkʌm]「収入」, errand [érənd]「使い走り」, access [ǽkses]「接近」

B. faculty [fǽkəlti]「専門能力」, helicopter [hélikaptər]「ヘリコプター」, portrait [pɔ́:rtrət]「肖像画」, guardian [gá:rdiən]「保護者」

C. imitate [ímiteit]「模倣する」, garbage [gá:rbidʒ]「ゴミ」, earthquake [ə́:rθkweik]「地震」

D. occupy [ákjəpai]「占有する」, character [kǽrəktər]「性格」, mammal [mǽml]「哺乳類」, image [ímidʒ]「映像」

演習問題3 普通 解答時間：**2分**

次のA～Eのそれぞれ4つの単語の中から，下線の部分を最も強く発音するものを1つずつ選びなさい．

A. 1. p<u>e</u>troleum　　2. <u>a</u>ntiquity　　3. diox<u>i</u>de　　4. incomm<u>u</u>nicable

B. 1. mag<u>i</u>strate　　2. retr<u>o</u>spect　　3. disc<u>o</u>ncert　　4. tubercul<u>o</u>sis

C. 1. <u>a</u>mbulance　　2. inc<u>e</u>ntive　　3. syndr<u>o</u>me　　4. perc<u>o</u>late

D. 1. m<u>e</u>tabolism　　2. hyst<u>e</u>rics　　3. d<u>i</u>spenser　　4. overw<u>ei</u>gh

E. 1. antib<u>o</u>dy　　2. par<u>a</u>lysis　　3. temp<u>e</u>rate　　4. pers<u>e</u>cute

[久留米大・医学部]

解答

A 4　　B 4　　C 2　　D 4　　E 2

解説

A. 1. petroleum [pətróuliəm]「石油」, 2. antiquity [æntíkwəti]「古代」, 3. dioxide [daiɑ́ksaid]「二酸化物」, 4. incommunicable [inkəmjúːnikəbl]「伝達できない」

B. 1. magistrate [mǽdʒəstreit]「治安判事／行政官」, 2. retrospect [rétrəspekt]「回顧／追想」, 3. disconcert [diskənsə́ːrt]「(人の心)を乱す／狼狽させる」, 4. tuberculosis [tjuːbəːrkjəlóusəs]「結核」

C. 1. ambulance [ǽmbjələns]「救急車」, 2. incentive [inséntiv] 名「動機／

334

刺激」形「鼓舞する／刺激的な」, 3. syndrome [síndroum]「症候群／シンドローム」, 4. percolate [pə́ːrkəleit]「浸透する／ろ過する」

D. 1. metabolism [mətǽbəlizm]「新陳代謝／物質交代」, 2. hysterics [históriks]「ヒステリー性の人」, 3. dispenser [dispénsər]「薬剤師／自動販売機」, 4. overweigh [ouvərwéi]「〜より重い」

E. 1. antibody [ǽntibɑdi]「抗体」, 2. paralysis [pərǽləsis]「麻痺（症）／麻痺状態」, 3. temperate [témpərət]「穏やかな／節度のある／温暖な」, 4. persecute [pə́ːrsəkjuːt]「〜を迫害する」

演習問題4 普通 解答時間：2分

次のA～Eのそれぞれ4つの単語の中から，下線の部分を最も強く発音するものを1つずつ選びなさい．

A. 1. affirm<u>a</u>tive　　2. <u>a</u>rrogance
　　3. griev<u>a</u>nce　　　4. qualit<u>a</u>tive

B. 1. d<u>i</u>sturbance　　2. ch<u>i</u>mpanzee
　　3. res<u>i</u>stance　　　4. <u>i</u>nfectious

C. 1. s<u>u</u>bstance　　　2. circ<u>u</u>late
　　3. m<u>u</u>ltimedia　　4. reg<u>u</u>lation

D. 1. <u>e</u>ngender　　　2. d<u>e</u>privation
　　3. m<u>e</u>ntality　　　4. ex<u>e</u>cutive

E. 1. hyp<u>o</u>thesis　　　2. n<u>o</u>nfiction
　　3. elab<u>o</u>rate　　　4. din<u>o</u>saur

[久留米大・医学部]

解答
A 2　B 3　C 1　D 4　E 1

解説

A. 1. affirmative [əfə́ːrmətiv]「肯定の」, 2. arrogance [ǽrəgəns]「傲慢さ」, 3. grievance [gríːvns]「苦情／不満」, 4. qualitative [kwάləteitiv]「性質上の」

B. 1. disturbance [distə́ːrbəns]「妨害」, 2. chimpanzee [tʃimpænzíː]「チンパンジー」, 3. resistance [rizístəns]「抵抗」, 4. infectious [infékʃəs]「感染性の」

C. 1. substance [sʌ́bstəns]「物質」, 2. circulate [sə́ːrkjəleit]「循環する」, 3. multimedia [mʌltimíːdiə]「マルチメディア」, 4. regulation [regjəléiʃən]「規則」

D. 1. engender [endʒéndər]「発生させる」, 2. deprivation [deprəvéiʃən]「剥奪」, 3. mentality [mentǽləti]「ものの見方」, 4. executive [igzékjətiv]「重役」

E. 1. hypothesis [haipάθəsis]「仮説」, 2. nonfiction [nɑnfíkʃən]「ノンフィクション」, 3. elaborate [ilǽbərət]「精巧な」, 4. dinosaur [dáinəsɔːr]「恐竜」

演習問題5　普通　解答時間：3分

次の(1)～(15)の単語の組のうち，最も強く発音する音節の母音が異なるものを5つ選び，その番号を小さい方から順に書きなさい．

(1) locust　　harmonious
(2) hydrogen　　collide
(3) jeopardy　　executive
(4) endeavor　　treason
(5) orchestra　　checkout
(6) document　　barometer
(7) bacteria　　digestion
(8) organic　　companion
(9) paralysis　　blindfold
(10) lethal　　routine
(11) tribute　　impudent
(12) landslide　　metallic
(13) improve　　rumor
(14) intolerable　　demography
(15) layout　　outcome

［東京慈恵会医科大・医学部］

解答

(4), (5), (7), (9), (15)

解説

(1) locust [lóukəst]「イナゴ／バッタ」，harmonious [hɑːrmóuniəs]「調和的な」
(2) hydrogen [háidrədʒən]「水素」，collide [kəláid]「衝突する」
(3) jeopardy [dʒépərdi]「危険」，executive [igzékjətiv]「重役」
(4) endeavor [endévər]「努力する」，treason [tríːzn]「反逆」
(5) orchestra [ɔ́ːrkəstrə]「オーケストラ」，checkout [tʃékaut]「清算」
(6) document [dάkjəmənt]「資料」，barometer [bərάmətər]「気圧計」
(7) bacteria [bæktíəriə]「バクテリア」，digestion [daidʒéstʃən]「消化」

(8) organic [ɔːrgǽnik]「有機栽培の」, companion [kəmpǽnjən]「仲間」
(9) paralysis [pərǽləsis]「麻痺」, blindfold [bláindfould]「目隠しをする」
(10) lethal [líːθl]「致命的な」, routine [ruːtíːn]「日々の日課」
(11) tribute [tríbjuːt]「貢物」, impudent [ímpjudənt]「図々しい」
(12) landslide [lǽndslaid]「地すべり」, metallic [mətǽlik]「金属製の」
(13) improve [imprúːv]「向上させる」, rumor [rúːmər]「うわさ」
(14) intolerable [intálərəbl]「耐えることができない」, demography [dimágrəfi]「人口統計学」
(15) layout [léiaut]「配置／設計」, outcome [áutkʌm]「結果」

石井雅勇（いしい まさゆう）

医学部予備校代官山MEDICAL学院長。早稲田大学第一文学部卒。英語教育研究家。語学春秋社実況中継GOES講師。兵庫県姫路市ひめじ観光大使。16年間にわたり英語講師として代々木ゼミナールでサテライン衛星授業を担当し、全国の受験生から圧倒的な支持を得てきた。その後、医学部受験生を1年で医学部に合格させる代官山メソッドを確立させ、多くの医学部合格者を毎年輩出している。一人ひとりにふさわしいアドバイスや指導を重ね、きっちり実績を積み上げていく。

著書には、私立開成高校・灘高校・桜蔭高校をはじめ全国の中学・高校から教材採用されている『Multi－level Listening 全6巻』(語学春秋社)をはじめ、『英単語WIZ 1900』(Z会出版)、『TOEICテスト速攻！ 耳トレ勉強法』(語学春秋社)、『石井雅勇の「前置詞」がスーッとわかる本』(あすとろ出版)、『1週間でTOEIC200点アップの突破法！』(講談社)、『日本人が間違えやすい英文法』(ナツメ社)、『9コマまんがで楽しむ英語―笑うコマ単』(小学館)、『医学部・薬・歯・医療看護系の必修［英単語］』(太陽出版) など他多数。

◆医学部予備校　代官山MEDICAL
http://www.daikanyama1999.com

医学部受験のための英語小問集合対策選

2013年6月30日　第1刷発行

［著　者］石井雅勇

［発行者］籠宮良治
［発行所］太陽出版
　　　　　東京都文京区本郷4-1-14　〒113-0033
　　　　　電話 03-3814-0471／FAX 03-3814-2366
　　　　　http://www.taiyoshuppan.net/

［印　刷］壮光舎印刷株式会社
［製　本］有限会社井上製本所

©Masayu Ishii 2013. Printed in JAPAN
ISBN978-4-88469-770-9

医系大学・専門学校受験対策シリーズ

代官山 MEDICAL・カリスマ実力講師 石井雅勇が合格へのポイントを徹底レクチャー！

医学系入試合格のための「最強」本‼

医学部・薬・歯・医療看護系の
必修 ［英単語］

代官山 MEDICAL 石井雅勇 ［著］
定価1,680円（本体1,600円＋税5％）

医系大学・専門学校受験対策シリーズ

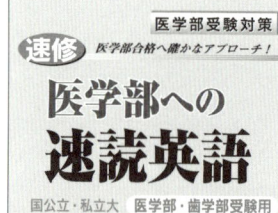

【速読力】と【英単語力】を同時に身につけ、医・歯学部入試英文が断然読みやすくなる!!

- ◎ 医・歯学部受験に出る英単語を過去問題からピックアップ!
- ◎ 重要イディオム、医学専門用語まで、医・歯学部入試に必要な英単語を精選!
- ◎ 頻出単語以外にも、関連する同意語・反対語・派生語まで網羅!
- ◎ 丁寧な解説で、難解な構文もわかりやすく徹底分析!

速修 医系の英単語
医歯学部受験専門予備校　代官山MEDICAL[編]
定価1,785円（本体1,700円＋税5％）

この1冊で【英文速読力】【知的背景力】をGET! 医学部受験が断然有利になる!!

- ◎ 医学部合否を決定的に分ける「英語力」を鍛える速読英語長文を精選!
- ◎ 「制限時間内」で解く力が身につく解法の戦略を丁寧に解説!
- ◎ 全国私立医学部29大学・全国国公立医学部50＋1大学に完全対応!
- ◎ 過去問題から速読に必要なポイントを完全網羅!

速修 医学部への速読英語
医歯学部受験専門予備校　代官山MEDICAL[編]
定価1,785円（本体1,700円＋税5％）